명화로 읽는
전쟁의 세계사

| 책으로 떠나는 세계여행 |

명화로 읽는
전쟁의 세계사

김서형 지음

MUSE

나고르노-카라바흐Nagorno-Karabakh는 아제르바이잔과 아르메니아의 산악지대이다. 1920년에 카스피해와 흑해 사이에 위치한 코카서스 지역이 소비에트 연방에 편입되면서 이 지역은 아르메니아 공화국에 귀속되었다. 하지만 아제르바이잔인과 아르메니아인의 사이는 좋지 않았다. 소수에 해당하는 아제르바이잔인이 다수를 차지하는 아르메니안인들을 핍박하고 통제했기 때문이다.

1991년에 구소련이 붕괴하자 러시아군은 아제르바이잔에서 철수했다. 그러자 아르메니아는 전면전을 시작했다. 이 과정에서 1백 만 명의 난민이 발생했다. 아르메니아는 아제르바이잔인들을 모두 내쫓고, 나고르노-카라바흐 지역도 합병했다. 이에 아제르바이잔은 아르메이나가 점령 지역에서 철수할 것을 요구했다. 결국 이는 나고르노-카라바흐를 둘러싼 전쟁으로 확대되었다. 2020년 현재 이 지역에서는 전쟁이 계속 되고 있다.

인류 역사 속에서 전쟁의 기원은 아주 오래 전으로 거슬러 올라간다. 많은 학자들은 구석기 시대부터 전쟁이 존재했던 것으로 생각한다. 이러한 점에서 본다면 인류 역사에서 전쟁이 없었던 시기는 거의 없다고 할 수 있다. 한 통계에 따르면, 지금까지 멸망한 국가 중 80%는 전쟁으로 사라졌다. 그리고 지금까지도 현대사회의 여러 지역에서는 끊임없이 전쟁이 발생하고 있다.

그렇다면 전쟁은 왜 발생하는 것일까? 많은 사람들은 경제적 이유 때문에 전쟁이 발생한다고 생각한다. 과거에는 다른 국가의 노동력이나 생산물을 약탈하는 것이 이익이 된다고 생각했다. 이를 위해 병력을 강화하고, 끊임없이 전쟁을 벌이기도 했다. 하지만 반드시 그런 것은 아니다. 제1차 세계대전의 경우, 막대한 경제적 피해에도 불구하고, 많은 국가들이 전쟁에 참전했기 때문이다. 따라서 전쟁을 일으키는 원인은 경제적 이유를 비롯해 상당히 다양하다.

크고 작은 규모의 전쟁들은 인류 역사 속에서 늘 발생했다. 이런 전쟁이 발생했던 원인은 무엇이었을까? 전쟁이 발생했을 때 사람들은 어떻게 싸웠을까? 전쟁은 당시 사회와 역사에 어떤 영향을 미쳤을까?

이 책에서는 인류 역사 속에서 많은 영향을 미쳤던 5가지의 전쟁에 대해 살펴본다. 기본적으로는 한 지역에서 발생한 전쟁이 그 지역 너머 다른 지역으로까지 영향을 미치는 과정을 네트워크라는 관점에서 살펴보고자 했다. 이와 더불어 전쟁이 발생했을 당시 역사적 배경과 맥락을 살펴보고, 전쟁을 둘러싼 담론

명화로 읽는 전쟁의 세계사

을 다양한 시각과 관점에서 분석했다.

독자들의 이해를 돕기 위해 이 책에서는 그림을 활용했다. 그림을 통해 우리는 전쟁이 발생했던 시대적 분위기를 보다 쉽게 이해할 수 있다. 그리고 그 속에서 "전쟁"과 "역사학"이 얽혀 만들어 내는 여러 가지 이야기들을 발견할 수 있다.

"우리는 둘 중 하나이다. 길을 찾거나, 만들거나." 이 말은 포에니 전쟁으로 유명한 카르타고 장군 한니발Hannibal의 명언이다. 알프스를 넘어 로마를 침공했던 그의 이야기를 통해 우리는 전쟁이 인류 역사 속에서 다양하고 중첩적인 의미를 가진다는 사실을 알 수 있다. 그림 속에서 얽혀 있는 이야기들을 통해 과거의 전쟁들을 이해하려는 시도가 21세기에도 여전히 발생하고 있는 전쟁을 새롭게 이해하는데 도움이 되길 바란다.

책 읽는 방법

일반적으로 역사 서적은 시간 순서대로 서술되어 있는 경우가 많다. 이 책의 경우, 전쟁의 종류에 따라 세계사 전체를 엮어내고 있기 때문에 시간과 공간의 연속성에 크게 영향을 받지 않아 어떤 부분을 먼저 읽든 별다른 상관이 없다.

다만 책을 읽을 때 역사적 배경을 먼저 읽고, 그 다음에 명화를 본다면 그림이 우리에게 주는 즐거움과 의미가 배가 될 수 있으므로 이 순서대로 읽어보도록 하자.

책의 난이도

기존의 전쟁 관련 서적들이 무기나 전술과 관련해 무겁고 깊은 지식들을 전달하는 것과 달리 이 책은 전쟁을 통해 얽혀 있는 세계사를 이해하기 쉽게 풀어내고 있다. 세계사에 별다른 지식이나 정보가 없더라도 이야기책을 읽는 정도의 수준에서 큰 어려움 없이 읽을 수 있다. 세계사에 대한 이해를 돕기 위한 또 다른 방법으로 명화를 활용하기도 했다. 다만, 전쟁이나 세계사에 대한 보다 깊은 지식과 이해는 좀 더 전문적인 깊이와 수준에서 찾아야 한다.

II. 포에니 전쟁 · 56

I

카데시 전투

카데시 전투
Battle of Kadesh

고대의 나라에서 온 한 나그네를 만났는데 그이가 이렇게 말했다.

"동체 없는 두 거대한 돌다리가
사막에 서 있다. 가까운 곳 모래 속에
부서진 두상이 반쯤 묻혀 있는데, 그 찌푸린 표정
주름 잡힌 입술, 싸늘한 명령이 담긴 냉소를 보면
조각가가 그 격정을 잘 읽었음을 알 수 있고,
그것은 생명 없는 물체에 찍혀 그것을 비웃은 손과
그것을 키운 심장보다 더 오래 살아남아 있다.
그리고 대좌에는 이런 말이 새겨져 있다."
'나의 이름은 오지만디어스, 왕 중의 왕이로다.
너희 힘센 자들이여, 내 위업을 보라. 그리고 절망하라!
옆에는 아무 것도 남아 있지 않다. 폐허뿐인
거대한 잔해의 주위에는 한없이 황량하게
외롭고 평평한 모래만이 멀리 뻗어 있을 뿐.'

명화로 읽는 전쟁의 세계사

그림 1. 아부심벨 신전에 새겨진 전쟁화 중 《카데시 전투》. 카데시 전투는 기원전 13세기에 팔레스타인 지역을 둘러싸고 이집트와 히타이트 사이에 벌어진 전쟁이다. 이집트에서는 파라오 람세스 2세(Ramesses II)가 직접 참전했는데, 이 전쟁화는 전차에 탄 파라오가 활을 쏘고 있는 장면을 묘사하고 있다. 당시 이집트의 전차는 바퀴살이 6개로서 다른 지역의 전차보다 가볍고 기동력이 빨라 전쟁에서 매우 유리했다.

　19세기 초 영국 낭만파 시인 퍼시 셸리Percy Bysshe Shelley는 당대의 가장 인기 있는 작가였다. 그의 작품은 인습에 대한 반항과 자유에 대한 동경이 대부분이었다. 그런데 <오지만디어스Ozymandias>는 느낌이 다르다. 반항이나 동경보다는 쓸쓸함과 덧없음이 느껴진다. 오지만디어스는 '우세르마아트레Usermaatre'라는 이집트 이름을 그리스식으로 읽은 것인데, 바로 람세스 2세Ramesses II의 왕명이다.

　람세스 2세는 이집트 전성기를 대표하는 파라오이다. 이집트 역사 상 가장 넓은 영토를 다스렸다. 그래서 자신의 위대한 업적을 기념하기 위해 조형물을 많이 세웠다. 대표적인 것이 아부심벨 신전이다.

아부심벨 신전은 오늘날 수단 북동부 지역에 해당하는 누비아의 아부심벨Abu Simbel에 위치한 신전이다. 거대한 사암층을 뚫어서 설립했기 때문에 당시 람세스 2세의 권력이 얼마나 막강했는지 알 수 있다. 이 신전에는 6면에 걸쳐 수많은 전쟁화가 그려져 있다. 이 가운데 카데시 전투는 람세스 2세의 재위 기간 동안 가장 힘들게 치른 전쟁으로 알려져 있다.

이집트 역사 상 가장 막강한 권력을 누렸던 람세스 2세에게 이 전쟁이 그토록 힘들고 어려웠던 이유는 무엇일까? 전쟁은 왜 시작되었을까? 전쟁은 어떻게 종결되었을까? 그리고 이 전쟁이 인류 역사에 미친 영향은 무엇일까? 이제부터 그에 대한 대답을 하나씩 살펴보기로 하자.

1. 대탈출과 시나이 반도

이스라엘 민족은 바빌로니아 제국의 공격을 받고 메소포타미아 지역으로 끌려갔다. 바빌로니아라는 이름은 수도 바빌론Babylon에서 유래한 이름이다. 이후 이들은 다시 팔레스타인으로 이동했다가 가뭄 때문에 이집트로 이주했다. 당시 이집트에서는 이스라엘 사람들을 '히브리인'이라고 불렀다. 파라오 세티 1 세Seti I는 히브리인들이 이집트의 적과 내통하고 이집트를 배반할까 우려했다. 그래서 이들을 노예로 삼고, 왕도를 건설하는데 강제로 동원했다.

뿐만 아니라 히브리인 가정에서 갓 태어난 아기들을 모두 죽이라고 명령했다. 히브리인들이 굳게 믿고 있던 예언자의 출현을 두려워했기 때문이다. 막 태어난 아기를 살리기 위해 요게벳Jochebed은 바구니에 아기를 넣어 나일 강에 떠내려 보냈다. 그리고 이집트 왕비에게 발견된 아기는 이집트 왕자로 성장했다.

어느 날, 왕자는 누이로부터 출생의 비밀을 듣고 말았다. 이후 그는 자신의 정체성과 자기 민족이 겪는 고통에 대해 심각하게 고민했다. 그러던 중, 히브리인 노예를 심하게 매질하는 이집트인 감독관을 실수로 죽이고 말았다. 그래서 이집트를 떠나사막을 헤맸다. 그러나 고통 속에서 힘들어하는 히브리인을 구출하라는 계시를 받고 이집트로 되돌아왔다.

이집트로 돌아온 그는 파라오가 된 형에게 히브리인의 노예해방을 요청했다. 하지만 람세스 2세가 이를 거절하자 이집트에 10가지 재앙을 내렸다. 바로 피, 개구리, 이, 파리, 가축 전염병, 독종, 우박, 메뚜기, 어둠, 그리고 큰 아들의 죽음이다. 그리고 4백 년 이상 이집트의 노예로 지냈던 히브리인들을 이끌고 이집트에서 탈출해 약속의 땅으로 갔다. 1998년 드림웍스에서

그림 2. 오라치오 젠틸레스키(Orazio Gentileschi), 《모세의 발견》, 1633년 作. 이탈리아 화가 젠틸레스키는 17세기 초 런던의 궁정화가가 되어 초상화 및 종교화를 그렸다. 그는 당시 유럽에서 유행하던 카라바조 미술을 널리 보급했다. 카라바조 미술의 특징은 종교적인 내용을 성스러운 모습이 아니라 일상에서 흔히 볼 수 있는 인간의 모습으로 표현하는 것이었다. 그래서 그는 《모세의 발견》에서도 종교화 특유의 신성함이나 극적인 분위기 대신 평범하고 일상적인 분위기를 연출하고자 했다.

명화로 읽는 전쟁의 세계사

제작한 애니메이션《이집트 왕자》의 내용이다.

이 애니메이션의 주인공은 바로 모세Moses이다. 많은 학자들은 모세를 기원전 13세기의 이스라엘 종교 지도자 및 민족 영웅으로 추정한다.《구약성서》《출애굽기》제 14장 16절에는 다음과 같은 내용이 등장한다. "지팡이를 들고 손을 바다 위로 내밀어 그것이 갈라지게 하라. 이스라엘 자손이 바다 가운데서 마른 땅으로 행하리라."

이는 모세가 히브리인들을 이끌고 이집트에서 탈출했을 때의 이야기이다. 앞에는 바다, 뒤에는 이들을 추격하는 이집트 군대로 길이 막혔다. 그러자 하느님께서 홍해의 물을 갈라 이들이 무사히 건너갈 수 있도록 했다. 당시 이집트를 '애굽'이라고 불렀기 때문에 이집트에서의 탈출은 '출애굽' 또는 '엑소더스exodus'라고 부른다. 이는 '대탈출' 혹은 '대이동'을 의미한다.

모세는 히브리인들을 이끌고 무사히 홍해를 건넜다. 그는 시나이 산에서 하느님으로부터 10가지의 계명을 들었는데, 바로 '십계명Ten Commandments'이다. 그 내용은 다음과 같다. ① 신 이외에 다른 신들을 섬기지 말라, ② 우상을 만들지 말라, ③ 신의 이름을 함부로 부르지 말라, ④ 안식일을 지키라, ⑤ 부모를 공경하라, ⑥ 살인하지 말라, ⑦ 간통하지 말라, ⑧ 도둑질하지 말라, ⑨ 거짓으로 증언하지 말라, ⑩남의 것을 탐내지 말라. 학자들에 따라 조금씩 다르지만, 일반적으로 시나이 산은 시나이

그림 3. 렘브란트 반 레인(Rembrandt van Rijn), 《십계명을 부수는 모세》, 1659년 作. 렘브란트는 네덜란드 황금시대의 대표적인 화가이다. 빛과 어둠을 극적으로 배합하는 키아로스쿠로 기법을 사용하여 《야경》과 같은 수많은 작품을 그렸고, 명성을 얻었다. 그는 두 개의 거울을 사용해 다양한 표정을 연구했고, 이를 그림 속의 극적인 장면에서 활용했다. 《십계명을 부수는 모세》에서 렘브란트는 슬픔과 분노로 가득 찬 십계명이 새겨진 돌판을 깨뜨리려는 모세(Moses)의 모습을 그림으로 표현했다. 히브리어로 십계명을 표기한 것은 그림의 대상을 면밀하게 관찰하던 렘브란트의 습관을 잘 보여주고 있다.

명화로 읽는 전쟁의 세계사

반도Sinai Pen. 가운데 위치한 무사산을 의미한다.

시나이 반도는 지중해와 홍해 사이에 위치하고 있다. 다시 말해, 아프리카와 아시아를 연결하는 지정학적으로 매우 중요한 지역이다. '시나이'라는 명칭은 고대 메소포타미아 달신을 의미하는 '신Sin'에서 유래했다. 지중해와 홍해 사이에 위치한 시나이 반도는 아프리카와 아시아를 연결한다.

오늘날 시나이 반도는 이슬람 무장세력 테러가 빈번하게 발생하는 곳으로 유명하다. 이스라엘로 가는 통로이기 때문이다. 중동 지역에서 이스라엘로 가기 위해서는 이집트나 시리아를 거칠 수밖에 없다. 그래서 이슬람 극단주의자들이나 테러리스트들이 이 지역에서 무차별적인 테러를 일으키는 것이다. 이러한 현상은 2013년에 이집트 전 대통령 무함마드 무르시Mohamed Morsy가 쿠데타로 축출된 이후 더욱 빈번하게 발생하고 있다.

20세기 초에 시나이 반도가 세계의 주목을 끈 것은 석유 때문이었다. 시나이 반도에서 처음 석유가 발견된 것은 1910년이었다. 이후 망간이나 우라늄 등 광물자원도 풍부한 것으로 알려졌다. 이 지역에 특히 많은 관심을 가지고 있는 국가는 바로 이스라엘이다. 시나이 반도의 대부분이 사막이지만, 나일 강의 관개를 통해 수백 만 평의 토지를 경작할 수 있기 때문이다.

그러나 광물이나 토지보다 이스라엘의 관심을 더 끈 것은 수에즈 운하였다. 수에즈 운하는 지중해와 홍해, 그리고 인도양을 연결하는 세계 최대 규모의 운하이다. 아프리카를 우회하지 않고도 아시아와 유럽을 연결할 수 있기 때문에 지정학적으로 매우 중요한 의미를 가진다. 뿐만 아니라 수에즈 운하를 차지하게 되면, 중동 지역에서 이스라엘로 이동하기 훨씬 수월해진다.

수에즈 지역에 운하를 건설하려는 노력은 기원전으로까지 거슬러 올라간다. 기원전 1380년에 이집트에서 운하가 완공되었다. 나일 강과 홍해를 연결하는 운하였다. 그러나 전쟁이나 천재지변 등으로 인해 매몰되고 말았다. 로마 제국 식민지였던 시기에 운하를 보수했지만, 수에즈 지역까지 연결되지 않았다. 그래서 항로를 크게 단축시키지는 못했다.

수에즈 운하를 건설하려는 시도가 다시 나타난 것은 15세기 말이다. 유럽인들의 적극적인 항해가 시작되면서부터였다. 당시 포르투갈과 스페인은 아시아로 향하는 항해를 시작했다. 이후 유럽의 여러 국가들도 경쟁적으로 항해를 시작했다. 이들에게 가장 중요한 것은 아시아에서 값비싼 향신료를 가져와서 부를 축적하는 것이었다.

이 시기에 수에즈 지역에 운하를 건설하려는 움직임이 나타났다. 수에즈 운하 건설을 추진했던 사람들은 바로 베네치아 상인들이었다. 아시아로 가는 항로를 단축하기 위한 것이었다. 그리고 이를 통해 아시아 항해 패권을 장악하고 있던 포르투갈이나 스페인에 대항하고자 했다. 하지만 당시 기술로 거대한 운하를 건설하는 것은 그리 쉬운 일이 아니었다.

18세기에 수에즈 운하에 관심을 가진 사람은 나폴레옹 보나파르트Napoleon Bonaparte였다. 그는 프랑스 혁명 이후 혼란스러운 틈을 타 쿠데타를 일으켰다. 그리고 이탈리아와 이집트 등과의 전쟁에서 승리를 거두어 결국 황제로 즉위했다.

나폴레옹은 프랑스를 유럽에서 가장 강력한 제국으로 건설하려는 야망을 가지고 있었다. 이는 결국 영국과의 갈등 및 전쟁을 초래했다. 나폴레옹은 영국의 교역에 치명적인 타격을 주기 위해 수에즈 운하를 건설하고자 했다. 하지만 지중해와 홍해의 수심이 10m 이상 차이가 나자 결국 운하 건설을 포기할 수밖에 없었다.

수에즈 운하 건설은 19세기 중반이 되어서야 비로소 시작되었다. 프랑스 외교관 페르디낭 마리 드 레셉스Ferdinand Marie de Lesseps가 만국 수에즈 해양 운하회사를 설립한 이후였다. 초기에 이 회사의 자본금은 프랑스와 이집트가 공동으로 소유했다. 그래서 운하를 개통한 후 99년 동안은 법인이 소유권을 보유하고, 이후에는 이집트 정부에 소유권을 이전하기로 합의했다. 공사는 10년 동안 진행되었고, 총 길이 162.5km의 운하가 완공되었다.

당시 영국은 자국에 이득이 되지 않는다는 이유로 운하 건설에 적극적이지 않았다. 하지만 운하가 개통되자 런던과 싱가포

르 간 항로가 1만 km 이상 단축되었다. 결국 영국도 수에즈 운하가 자국에 이득이 된다는 사실을 인정할 수밖에 없었다.

이후 영국은 이집트가 소유하고 있던 운하회사의 주식을 매입했다. 그리고 제1차 세계대전이 발발하기 직전에 이집트를 영국의 보호국으로 만들어버렸다. 그 결과, 수에즈 운하는 프랑스와 영국이 소유하게 되었다. 수에즈 운하와 시나이 반도의 지정학적 가치를 보여주는 단적인 사례인 셈이다.

제2차 세계대전이 종식되자 아프리카의 여러 국가들은 유럽으로부터 독립했다. 1956년 7월, 이집트 대통령 가말 압델 나세르Gamal Abdel Nasser는 프랑스와 영국이 소유했던 수에즈 운하의 국유화를 선언했다.

당시 이집트는 나일 강의 범람을 막고, 관개를 개발하기 위해 아스완 댐 건설을 추진하고 있었다. 하지만 미국과 소련의 냉전 때문에 댐 건설 자금을 지원받지 못했다. 그래서 수에즈 운하

그림 4. 장 오귀스트 도미니크 앵그르(Jean-Auguste-Dominique Ingres), 《왕좌에 앉은 나폴레옹》, 1806년 作. 앵그르는 19세기 프랑스 신고전주의를 이끈 화가이다. 프랑스에서 나폴레옹(Napoleon)에 대한 찬양이 최고조에 달했을 때, 그는 이 초상화를 통해 나폴레옹을 신격화시켰다. 황금색 월계관을 쓴 나폴레옹은 마치 전지전능한 신처럼 자신감 넘치는 얼굴로 왕좌에 앉아 있다. 그는 신성로마제국의 샤를마뉴(Charlemagne) 대제를 모범으로 삼았는데, 나폴레옹이 쥐고 있는 지팡이는 정의를 상징하고, 흰 족제비 털 망토와 금실 자수는 프랑스의 부와 위대함을 나타낸다. 앵그르의 이 초상화는 초상화를 넘어 마치 신성한 종교화에 가까운 느낌을 주고 있다.

를 국유화하고, 이로 인해 발생하는 수입으로 댐을 건설하려는 계획을 세웠다. 수에즈 운하를 소유한 프랑스와 영국에게 이는 선전포고나 다름없었다. 이 두 국가는 이 분쟁에 수에즈 운하에 관심이 많았던 이스라엘을 끌어들였다.

프랑스와 영국, 그리고 이스라엘은 비밀 회담을 개최했다. 그리고 이집트 침공 계획을 수립했다. 당시 제 2차 세계대전이 종식된 지 얼마 되지 않았기 때문에 국제적인 여론을 의식할 수밖에 없었다. 그래서 두 가지 단계에 따라 전쟁을 수행하기로 했다. 첫 번째 단계는 이스라엘이 먼저 시나이 반도를 침공하는 것이었다. 두 번째 단계는 프랑스와 영국이 이스라엘과 이집트 사이에서 발생한 전쟁을 말리되, 이집트가 거절하면 이를 빌미로 전쟁에 참여하는 것이었다.

이러한 시나리오에 따라 이스라엘은 시나이 반도를 침공했다. 그리고 여러 도시들을 점령했다. 프랑스와 영국도 이집트에 선전포고를 하고, 공격을 시작했다. 그런데 세 국가는 뜻하지 않은 반대에 직면했다. 바로 미국과 UN이었다.

미국으로부터 강력한 항의를 받은 영국은 어쩔 수 없이 전쟁을 중단할 수밖에 없었다. UN은 프랑스와 영국에 즉각적인 철수를 요구했다. 이스라엘도 미국과 소련의 압박 때문에 결국 시나이 반도를 이집트에 되돌려줄 수밖에 없었다. 역사학자들은 이 전쟁을 '제 2차 중동전쟁'이라 부른다. 비록 전쟁은 끝났지만, 시나이 반도는 오늘날에도 여전히 국제적 분쟁의 중심지이다.

2. 최초의 철제 무기와 히타이트 제국

사실 시나이 반도의 전쟁은 현대에만 발생하지 않았다. 그 기원은 기원전 1274년으로까지 거슬러 올라간다. 기원전 18세기부터 13세기까지 오늘날 터키와 아나톨리아 지역을 지배했던 제국이 있었다. 바로 히타이트 제국이다.

히타이트인들은 기원전 2000년경, 흑해를 거쳐 아나톨리아 고원지대에 정착한 것으로 알려져 있다. 제국의 수도였던 하투샤Hattushash는 원래 아시리아인들이 건설한 도시였다. 하지만 기원전 18세기 경, 히타이트의 아니타Anita 왕에 의해 파괴되었다. 이후 기원전 1600년경 활발한 정복전쟁을 통해 영토를 확장한 라바르나 1세Labarna I가 이 도시를 재건했다. 그리고 기원전 1650년에 하투실리 1세Hattusili I는 이곳을 제국의 수도로 정했다.

히타이트인들은 인류 역사상 최초로 철 제련술을 활용했다. 물론 히타이트인들이 최초로 철을 사용한 사람들은 아니다. 히타이트인들 이전에도 사람들은 철을 사용했다. 당시에는 주로 운철隕鐵을 이용했다. 운철은 우주에서 떨어지는 돌인 운석meteorites에서 발견되는 철을 의미한다.

히타이트인들은 개발한 것은 철광석을 채굴하고, 이를 제련하는 기술이다. 이들은 용광로를 이용해 철을 주조했다. 일반적으로 철이 녹는점은 약 1530℃이다. 이렇게 높은 온도까지 올리기 위해서는 풀무가 필요하다. 풀무는 대장간에서 쇠를 달구거나 녹이기 위해 화덕에 뜨거운 공기를 불어 넣는 기구이다.

그런데 당시 히타이트에는 풀무가 없었다. 따라서 이들은 자연에서 부는 바람을 활용했다. 제국의 수도인 하투샤에는 특정 시기에 거센 바람이 불었다. 그래서 히타이트인들은 이 바람을 풀무 대용으로 활용했다.

이렇게 생산된 철로 히타이트인들은 만든 것은 바로 무기였다. 대표적인 것이 창과 활이었다. 당시 메소포타미아의 여러 국가들과 이집트는 청동기 무기를 사용했다. 따라서 히타이트의 철제 무기는 이러한 무기들에 비해 훨씬 강력했다.

히타이트인들이 사용했던 또 다른 강력한 무기는 바로 전차였다. 전차는 전쟁에서 활용된 일종의 수레이다. 수레는 바퀴를 달아 짐이나 사람을 운반할 수 있도록 만든 것이다. 가장 오래된 바퀴는 기원전 3500년경의 것으로 추정된다. 메소포타미아 유적에서 발견되었는데, 오늘날 바퀴와는 달리 통나무를 둥글게 자른 원판 모양이다.

바큇살이 있는 바퀴는 기원전 2천 년 전부터 등장했다. 처음에는 바퀴 테를 가죽이나 구리 등으로 둘러 사용했다. 하지만

명화로 읽는 전쟁의 세계사

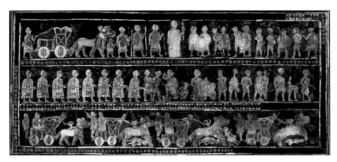

그림 5. 《우르의 군기(Standard of Ur)》. 약 4,600년 전의 것으로 추정된다. 1928년 영국 고고학자 레오나드 울리(Leonard Woolley) 경이 발견한 것으로 2개의 장식판으로 구성되어 있다. 발굴 초기에는 그림이 조각나 있었는데, 울리 경이 이를 보고 군대 깃발에 건 군기라고 생각해서 《우르의 군기》라는 이름이 붙었다. '전쟁의 판'에는 전쟁에 참전하는 군대의 모습이 묘사되어 있다. 창이나 도끼, 바퀴가 달린 전차 등 수메르의 여러 전쟁 무기들이 등장한다. 왕은 다른 사람들보다 더 크게 묘사되어 당시 왕의 권력을 짐작할 수 있게 한다. '평화의 판'에는 전쟁에서의 승리를 축하하는 왕과 귀족의 모습, 그리고 하층민들이 전리품을 가져가는 모습이 묘사되어 있다.

이러한 바퀴는 무겁고, 방향을 조종하기 힘들었다. 그래서 히타이트에서는 가볍고 기동력 있는 바퀴를 만들기 위해 바퀴에 3~4군데 정도 구멍을 뚫었다. 그리고 바퀴 축을 중심으로 방사형 모양의 살을 만들었다. 이렇게 바퀴살이 있는 바퀴는 히타이트를 중심으로 메소포타미아 일대에 확산되기 시작했다.

오늘날 이라크에 해당하는 수메르Sumer는 인류 역사상 최초로 도시와 국가가 등장했던 지역이다. 초기 수메르에서는 전쟁에서 투구와 방패를 이용했다. 그러다가 말이 끄는 사륜전차를 전쟁에 활용하기 시작했다. 당시 수메르의 수레바퀴는 매우 크고, 무게도 30킬로그램 이상으로 상당히 무거웠다. 사륜전차에는 마부와 창을 든 병사가 같이 탔는데, 속도가 느렸고, 회전도 쉽지 않았다. 하지만 사륜전차를 본 적들은 상당한 두려움에 떨었다고 전해진다.

이후 수메르의 사륜전차보다 기동성이 뛰어난 전차가 등장했다. 바로 이륜전차이다. 이 전차는 아카드 제국에서 등장했다. 아카드 제국은 수메르 북부에 위치한 도시인 아카드Akkad를 중심으로 발전했던 인류 역사상 최초의 제국이다.

기원전 2350년 쯤, 아카드의 사르곤Sargon 왕은 수메르의 여러 도시들을 정복했다. 그리고 메소포타미아 최초의 통일국가를 형성했다. 이는 곧 제국으로 발전했다. 당시 아카드 제국이 지배했던 지역은 메소포타미아와 오늘날의 이란, 시리아, 아나톨리아 반도 일부 지역, 그리고 아라비아 반도 북부를 포함해 지중해까지 이르렀던 것으로 추정된다.

아카드 제국이 이렇게 광범위한 영토를 지배할 수 있었던 것은 이륜전차 덕분이었다. 아카드 제국의 전차는 바퀴가 2개밖에 없었지만, 통나무 대신 8개의 바퀴살을 이용했다. 그들은 수레가 빠르게 이동하기 위해서는 바퀴가 가벼워야 한다는 사실을 알고 있었다. 바퀴살이 있는 아카드 제국의 이륜전차는 수메르의 사륜전차에 비해 속도가 빨랐다. 기동성 역시 훨씬 우수했다. 결국 수메르는 아카드 제국에 의해 멸망하고 말았다.

기원전 1500년경, 시리아 북부 지역과 오늘날 터키 남동부에 해당하는 지역에서 국가가 탄생했다. 키르타Kirta 왕이 설립한 미탄니 제국이다. 이 왕국은 메소포타미아 북부 지역에 강력한 제국을 형성했다. 말과 전차를 효율적으로 활용한 덕분이었다.

미탄니 제국은 이러한 무기로 당시 강대국이었던 아시리아 제국을 200년 동안 지배했다. 히타이트인들은 아나톨리아 반도에서 철제 무기로 세력을 확대시키고 있었다. 이들은 미탄니 제국의 전차 제조 기술을 배웠다. 그리고 이를 활용해 기원전 14세기가 되면 오히려 미탄니 제국을 멸망시켰다.

히타이트인들은 전차를 더욱 가볍게 만들어 기동성을 높였다. 그리고 전차 부대를 중심으로 하는 전략과 전술을 발전시켰다. 히타이트 고문서에는 기원전 18세기에 40여 대의 전차가 전쟁에 참전했다는 기록이 남아 있다. 이와 더불어 전차를 끄는 말을 조련하는 방법에 대한 기록도 있다. 말이 끄는 전차는 도망가는 적을 빨리 추적할 수 있기 때문에 전차는 어떤 전쟁 무기보다 효율적인 무기였다.

이제 전쟁의 규모는 더 커졌고, 원정 거리도 길어졌다. 기원전 16세기에 히타이트 제국의 무르실리 1세Mursili I는 오늘날 바그다드에서 90킬로미터 정도 떨어진 바빌론을 점령했다. 무려 1천 킬로미터 이상 떨어진 곳이었는데, 이는 전차 덕분에 가능한 것이었다. 이륜전차를 중심으로 제국의 영향력을 확대시켜 나가던 히타이트 제국은 이제 시나이 반도를 둘러싸고 이집트와 패권을 다투게 되었다.

3. 람세스 2세와 이집트의 전차

1959년에 이집트에서는 제2차 중동전쟁 외에도 다른 문제가 발생했다. 아스완 댐이 건설되면 누비아 지역에 위치한 유적지인 아부심벨 신전이 수몰된다는 것이었다. 하지만 나일 강 범람을 막기 위해 댐의 건설은 필수였다.

당시 이 소식을 접한 유네스코UNESCO는 전 세계적으로 기금 캠페인을 진행했다. 아부심벨 신전을 수몰 위기로부터 구하기 위한 것이었다. 그 결과, 8년 동안 3,600만 달러를 모금했다. 그래서 신전을 원래 위치보다 62미터 높은 곳으로 이전했다. 이렇게 거액의 비용을 들여 옮겨진 아부심벨 신전은 바로 람세스 2세가 건설한 세계 최대 규모의 석굴사원이다.

아부심벨 신전은 1813년에 요한 루드비히 부르크하르트Johan Ludwig Burckhardt가 발견했다. 그는 요르단 남부에 위치한 페트라Petra를 발견한 탐험가이다. 페트라는 그리스어로 '바위'를 의미한다. 기원전 7세기부터 2세기까지 아라비아 반도 북동부와 시리아, 그리고 이라크 서부에서 활동했던 고대 아랍 부족인 나바테아인들이 건설한 도시이다.

명화로 읽는 전쟁의 세계사

나바테아인들은 주로 향신료 교역에 종사했다. 따라서 이 지역은 향신료가 홍해와 지중해로 이동할 때 반드시 거치는 중간 지점이었다. 이와 같은 지리적 이점 때문에 사막 한가운데 붉은 사암으로 이루어진 바위산 틈새에 도시를 건설했던 것이다.

부르크하르트가 아부심벨 신전을 발견했을 당시, 신전은 엄청난 모래 속에 파묻혀 있었다. 그래서 람세스 2세의 거대한 석상 일부만 노출된 상태였다. 모래를 제거할 방법이 없어 그는 신전 조사를 미루었다. 이후 1817년에 영국인 지오반니 벨조니 Giovanni Belzoni가 인부를 투입해 모래와 자갈을 제거한 이후에 가까스로 신전 내부로 들어갈 수 있었다.

하지만 계속 모래가 덮이면서 신전 발굴은 1909년이 되어서야 비로소 시작되었다. 그리고 UNESCO의 기금 모금으로 신전을 이전한 이후에 신전에 대한 자세한 조사가 가능해졌다.

아부심벨 신전의 입구에는 높이가 22미터에 달하는 석상 4개가 서 있다. 람세스 2세의 석상이다. 람세스 2세는 의자에 앉아 손을 무릎 위에 올려놓은 모습이고, 발밑에는 왕비와 왕자들의 입상이 세워져 있다. 아부심벨 신전의 정면은 폭이 38미터, 높이가 33미터에 달한다. 신전의 내부에는 이집트 신들의 조각상과 함께 람세스 2세의 조각상이 있다. 그리고 신전 벽면에는 람세스 2세의 치세를 찬양하는 헌사가 기록되어 있다.

람세스 2세가 즉위할 당시 이집트의 가장 큰 문제는 히타이트 제국이었다. 메소포타미아 지역에서 광범위한 영향력을 미쳤던 이 제국과 맞서 이집트의 세력을 유지하고 확대시켜야 했다. 히타이트 제국과 마찬가지로 람세스 2세 역시 전차가 전쟁의 승리를 좌우하는 가장 중요한 무기라는 사실을 알고 있었다.

원래 이집트인들은 말이나 전차에 대해 알지 못했다. 이집트는 기원전 1670년부터 1567년까지 힉소스의 지배를 받았다. 힉소스는 '이민족 통치자'를 의미한다. 이는 이집트로 이주해온 이민족을 지칭했던 고대 이집트어인 '헤까 크세웨트heqa khsewet'를 잘못 번역한 이름이다. 이들은 이집트가 혼란스러운 틈을 타 나일 강 하류 지역을 정복했다. 그리고 상류 지역으로까지 세력을 확대시켰다. 그 결과, 시나이 반도에서 나일 강 동부의 델타 유역에 이르는 지역까지 점령했다.

힉소스의 이러한 세력 확장에는 특히 철제 무기가 중요한 역할을 담당했다. 이들은 철제 조립식 활이나 전투용 도끼 등을 사용했다. 그리고 말이 끄는 전차를 이용했다. 당시 이집트는 청동기 무기를 사용하고 있었다. 따라서 힉소스의 철제 무기와 전차는 이집트와의 전쟁을 승리로 이끌기에 충분했다.

하지만 1백 년 이상 힉소스의 지배를 받으면서 이집트인들 역시 철제 무기와 전차 기술을 익혔다. 고대 이집트 제26왕조의 파라오 아흐모스Ahmose는 재위 후 계속 힉소스를 공격했다. 마침내 기원전 1539년에 이집트인들은 힉소스의 수도인 아바리스

Avaris를 함락시켰다. 그리고 식민 지배에서 벗어날 수 있었다.

이집트인들은 힉소스를 통해 전차에 대해 알게 되었다. 그리고 전차의 성능을 개량시켰다. 이들은 바퀴의 축을 뒷부분으로 이동시켰다. 그 결과, 전차는 더욱 빨리 달릴 수 있었다. 당시 이집트 전차의 속도는 대략 시속 40킬로미터 정도였다.

투트모세 3세Thutmose III는 이집트 제 18왕조의 파라오이다. 그는 새로운 전술을 발전시켰는데, 전차에 복합궁으로 무장한 병사를 배치한 것이다. 복합궁은 짐승의 뿔이나 나무를 혼합해서 만든 것으로서 다른 활보다 사정거리가 길다. 그래서 적을 효과적으로 물리칠 수 있었다. 메소포타미아 전차에는 운전수와 궁수, 그리고 창수가 탑승했다. 하지만 복합궁을 사용하게 되면서 이집트 전차에는 창수가 필요 없게 되었다. 이후 이집트 전차에는 운전수와 궁수만 탑승했다.

이집트 벽화에 그려진 전차를 보면 바퀴 테가 상당히 얇다. 이집트에서는 숙련된 목수가 복잡하고 정교한 기술로 얇은 바퀴 테를 만든 덕분에 가볍고 튼튼한 전차를 만들 수 있었다. 당시 이집트 전차는 전 세계적으로 가장 뛰어난 성능을 가진 것으로 유명했다. 그래서 이스라엘의 솔로몬Solomon 왕은 이집트로부터 전차와 말을 도입하기도 했다.

이 시기에 이집트는 최소 2천 대 이상의 전차를 보유했다. 또한 전차를 수리할 수 있는 정비소를 전국 곳곳에 만들었다. 그

그림 6. 페테르 루벤스(Peter Paul Rubens), 《솔로몬의 재판》, 1617년 作. 17세기 유럽의 미술은 웅장한 스케일과 화려한 장식으로 특징지을 수 있다. 당시 프로테스탄트가 부상하자 가톨릭의 위상을 회복하기 위해서였다. 이러한 양식을 널리 유행시켜 명성과 성공을 얻은 화가가 바로 루벤스이다. 그는 고전문학과 미술에 대해 매우 해박했다. 그래서 18세기 프랑스 철학자 드니 디드로(Denis Diderot)는 그가 '상상력만으로도 신화의 장면을 풍부하게 만들었다'고 평가하기도 했다. 루벤스의 《솔로몬의 재판》은 《구약성서》《열왕기상》 3장 16~28절에 등장하는 유명한 솔로몬(Solomon) 왕의 재판을 그린 것이다. 잘 알려진 것처럼, 두 여인이 살아 있는 아이와 죽은 아이를 데려와 살아 있는 아이가 서로 자기 아이라고 주장하자, 솔로몬이 "산 아이를 둘로 나누어서 반쪽은 이 여인에게, 그리고 다른 반쪽은 저 여인에게 주라"고 명했다. 그러자 친어머니는 아이를 죽이지 말라고 간청했다. 이 작품은 바로 그 이야기를 그린 것이다.

래서 전차가 최상의 상태를 유지할 수 있도록 했다. 전차는 이
집트가 활발한 영토 정복전쟁을 벌이고, 이를 통해 제국으로
발전하는 중요한 원동력이었다.

4. 카데시 전투의 발발과 전개

　이집트와 히타이트는 오랫동안 갈등을 겪고 있었다. 이러한
갈등은 시나이 반도의 패권을 둘러싸고 발생한 것이었다. 결국
이집트의 람세스 2세는 재위 5년째에 스스로 군대를 이끌고 정
복 전쟁을 떠났다.

　이미 투트모세 3세가 활발한 정복전쟁을 통해 여러 동맹국을
정복했다. 여기에는 서아시아를 가로지르는 오론테스 강 상류
에 위치한 카데시Kadesh도 포함되어 있었다. 그러나 시간이 흐르
면서 아시아에서 이집트의 영향력은 약화되고 있었다. 람세스
2세가 즉위했을 때 카데시는 히타이트가 점령하고 있었다. 반
면, 히타이트의 동맹국이었던 카데시 남부의 아무루Amurru는 이
집트와 동맹을 맺고 있었다. 그래서 당시 히타이트를 지배했던
무와탈리 2세Muwatalli II는 아무루를 정복하기 위한 전쟁 준비를
했다. 이에 람세스 2세는 히타이트를 공격할 준비를 했다.

　기록에 따르면, 히타이트군은 약 4만 명의 보병과 3천 5백 대
이상의 전차를 동원했다. 그리고 이집트군은 약 2만 명의 보병

과 2천 여 대의 전차를 동원했다. 규모면에서 본다면, 히타이트의 병력이 이집트의 2배 정도였다. 일부 학자들에 따르면, 히타이트군의 규모가 이렇게 컸던 것은 당시 히타이트 동맹국들의 군대를 모두 동원했기 때문이다.

이 시기에 히타이트와 동맹 관계를 형성하고 있던 국가들은 상당히 많았다. 대표적인 국가로는 메소포타미아 지역의 우르나 우가리트, 아시리아, 시리아 등을 들 수 있다. 이 가운데 아시리아는 메소포타미아 북부의 티그리스 강 상류를 중심으로 발전했다. 특히 뛰어난 기병과 전차를 기반으로 하는 강력한 군사력을 보유한 제국이었다.

당시 이집트군은 4개의 사단으로 구성되어 있었다. 각 사단에 아몬Amon과 레Re, 프타Ptah, 그리고 세트Seth라는 이름을 붙였다. 이는 모두 이집트 신화에 등장하는 신들의 이름이다.

아몬은 원래 '공기의 신'이다. 주로 개구리 모양으로 표현되는데, 신왕조 시대에는 숫양의 모습으로 표현되기도 했다. 최고신으로 추앙받는다. 레는 흔히 '라Ra'라고 부르기도 하는데, 이집트의 태양신이다. 고왕조 시대부터 왕조의 수호신으로 숭배되었고, 국왕은 '태양신의 아들'로 간주되었다. 프타는 창조신으로서 천지를 만들었고, 세트는 난폭함과 전쟁, 혼란 등을 상징하는 신이었다.

4개 사단의 지휘관들은 파라오의 지휘권을 위임받았다. 각

부대는 전차를 중심으로 창병과 궁병, 그리고 도끼를 사용하는 부병斧兵으로 구성되었다. 당시 이집트의 전술은 '1만인 방진법' 이었다. 이는 가로로 늘어선 1백 명의 병사를 1백열에 걸쳐 배치한 방진이다.

이는 당시 주변 국가들에서는 유례를 찾을 수 없을 정도로 상당히 큰 규모였다. 그래서 이집트는 '1만인 방진법'만으로도 적의 기세를 제압할 수 있었다. 중앙에는 1만 명으로 구성된 방진을 두었다. 그리고 양쪽에는 활이나 투석기와 같이 원거리를 공격할 수 있는 무기를 지닌 병사들을 배치했다.

카데시 전투에서 이집트의 병력은 히타이트 병력의 절반 정도밖에 되지 않았다. 그렇기 때문에 람세스 2세는 전략적으로 유리한 곳에 포진했다. 그는 시내가 내려다보이는 언덕에 군대를 주둔시켰다. 히타이트 군대가 카데시로 진입하는 것을 목격하기 위해서였다. 그러자 무와탈리스 2세는 히타이트군이 카데시 북쪽으로 진격하고 있다는 거짓 정보를 흘렸다. 전략적 불리함을 만회하기 위해서였다.

이 거짓 정보를 들은 람세스 2세는 카데시 시내를 버리고 북쪽으로 이동했다. 그 때 히타이트 군대는 람세스가 직접 지휘했던 레 사단과 아몬 사단을 공격했다. 당시 이집트 전차는 운전수 한 명과 병사 한 명이 타고 있었기 때문에 상당히 가벼웠다. 반면, 히타이트 전차는 운전수 한 명과 병사 두 명이 타고 있어서 이집트 전차보다 무거웠다. 히타이트 전차는 기동력이 뛰어난 이집트 전차를 도저히 따라잡을 수 없었다.

가까스로 도망친 이집트 군대는 병력을 재편성하고, 히타이트 군대를 공격했다. 그리고 행군에서 뒤처져 있던 용병부대가 히타이트 군대를 공격했다. 히타이트 군대는 람세스 2세를 공격하는 데만 열중했기 때문에 전세는 역전되었다. 히타이트 군대가 포위되자 무와탈리스 2세는 카데시로 후퇴할 수밖에 없었다.

람세스 2세는 카데시를 포위했다. 하지만 견고한 성벽을 무너뜨리기는 쉽지 않았다. 더욱이 이집트로부터 멀리 떠나온 전쟁이었기 때문에 식량을 비롯한 보급품 전달이 원활하지 않았다. 결국 두 국가는 불가침 조약을 체결했다. 승리자는 아무도 없었던 전쟁이었다.

이집트에는 '노천 박물관'이라 불리는 지역이 있다. 바로 이집트 중부에 위치한 룩소르Luxor이다. 이 도시는 신왕국 시대에 '모든 신의 왕'이었던 아몬의 도시였다. 또한 중왕국과 신왕국 시대에는 약 1600년 동안 제국의 수도였다. 따라서 엄청난 부와 권력을 지녔던 파라오들이 건설한 신전들이 룩소르의 계곡과 들판에 산재해 있다.

그리스 시인 호메로스Homeros는 세계 최초로 서사시를 지은 것으로 유명하다. 대표적인 작품으로는 트로이 전쟁을 주제로 쓴 《일리아드Illiad》를 들 수 있다. 《일리아드》에서 호메로스는

그림 7. 자크 루이 다비드(Jacques-Louis David), 《아킬레우스의 분노》, 1819년 作. 19세기 프랑스 최고의 화가로 각광받았던 다비드는 단순한 형태와 어두운 색감을 결합시키면서 고전주의를 표현했다. 후기에는 주로 신화적인 주제를 소재로 그림을 그렸는데, 《아킬레우스의 분노》는 그의 마지막 역사화 가운데 하나이다. 이 장면은 아가멤논(Agamemnon)이 아킬레우스(Achilles)에게 자신의 딸 이피게니아(Iphigenia)를 신부로 데려온 것이 아니라 아르테미스(Artemis) 여신의 분노를 잠재우기 위한 희생양으로 데려왔다고 밝히는 순간을 그린 것이다. 이 이야기를 듣고 분노가 치민 아킬레우스가 칼을 뽑아 들고 있다. 붉은 색과 황금색을 주로 사용한 이 그림은 화려하고 선명한 색채를 이용했던 다비드의 말기 그림의 특징을 잘 보여주고 있다.

"100개 문의 도시, 사막의 모래알만이 그 재산과 보물의 수를 능가할 것이다"고 노래했다. 100개 문의 도시는 바로 룩소르를 의미한다.

룩소르 북쪽에는 고대 이집트 신전 가운데 가장 크고 웅장한 신전이 세워져 있다. 바로 카르나크Karnak 신전이다. 아몬과 그의 부인이자 '하늘의 여신'인 무트Mut, 그리고 '전쟁의 신' 몽투Montu를 모시기 위해 지어졌다. 흔히 '아몬 대신전'이라고 부른다.

이 신전은 기원전 2000년경에 건축된 것으로 추정된다. 거대한 돌을 사용해 10개의 거대한 탑문과 40미터의 건축물, 그리고 오벨리스크를 만들었다. 그리고 수많은 조각과 벽화들로 장식했다. 바로 이 신전의 벽에 람세스 2세는 거대한 부조를 조각했다. 부조의 내용은 카데시 전투였다.

결과적으로 본다면, 이 전쟁에서 승리자는 없었다. 그러나 람세스 2세는 자신을 전쟁의 승리자로 미화시켰다. 파라오는 절대로 전쟁에서 지면 안 되는 존재였기 때문이다. 당시 이집트 백성들은 이집트에서 멀리 떨어진 카데시에서 어떤 일이 발생했는지 잘 몰랐다. 따라서 람세스 2세는 자신을 이 전쟁의 영웅으로 만들었다. 그리고 이를 현실화시키기 위해 지속적으로 아시아로 파병했다.

이 시기에 히타이트에는 여러 가지 변화들이 나타났다. 카데시 전투에 참전했던 무와탈리스 2세가 사망하고, 아들 무르실리스 3세Mursilis III가 즉위했다. 나이가 어렸던 그는 영향력이 막강했던 숙부 하투실리Hattušili를 견제했다. 하지만 결국 기원전 1267년에 쿠데타가 발생했고, 하투실리는 조카 대신 왕이 되었다. 바로 하투실리 3세Hattusili III이다.

숙부에게 왕위를 빼앗긴 무르실리스 3세는 람세스 2세를 찾아갔다. 그의 도움으로 왕위를 되찾으려 한 것이다. 람세스 2세에게 이는 그야말로 절호의 기회였다. 하투실리 3세를 히타이트의 왕으로 인정하지 않고, 무르실리스 3세를 복원시키면서 전쟁을 일으킬 수 있기 때문이다. 히타이트의 정치적 혼란을 올바르게 잡는다는 명분을 내세우면서 이집트와 파라오의 막대한 권력을 과시할 수 있었다.

반면, 하투실리 3세는 사면초가四面楚歌의 상태였다. 원래 동맹국이었던 아시리아는 바빌로니아를 정복했다. 그리고 점차 쇠퇴해가는 히타이트 제국에 위협적인 존재로 부상하고 있었다. 여기에 이집트와의 전쟁까지 벌어진다면, 제국이 멸망해버릴지도 몰랐다.

그래서 하투실리 3세는 기원전 1258년에 람세스 2세에게 사신을 보냈다. 사신이 람세스 2세에게 내민 것은 히타이트와 이집트 사이의 조약, 즉 카데시 조약의 초안이었다. 당시 하투실리 3세는 여러 적들 가운데 하나의 적과 화해하고자 했다. 그리고 이를 통해 다른 적에 공동으로 대응하고자 했다. 오랜 고민 끝에 람세스 2세도 이와 같은 제안을 수용했다.

아시리아가 히타이트를 멸망시킨다면, 이집트도 위험해질 것이라고 판단했기 때문이다. 이와 더불어 아시아를 정복하는 것이 현실적으로 어렵다는 것을 인식했던 탓이다. 그래서 람세스

2세는 히타이트에서 먼저 요청한 두 국가 사이의 평화를 너그럽게 받아들인다고 선포했다. 세계 최초의 평화 협정이 체결된 것이다.

5. 세계사 최초의 평화 조약

1887년에 이집트 시장에서 굴러다니던 점토판이 학자들의 주목을 받았다. 여기에는 설형문자가 새겨져 있었다. 이집트 발굴 전문가였던 영국 고고학자 윌리엄 페트리William Matthew Flinders Petrie는 설형문자가 새겨진 점토판 160여 개를 연구했다. 그리고 이 점토판이 텔 엘-아마르나Tell el-Amarna의 유물이라는 것을 밝혀냈다.

텔 엘-아마르나는 나일 강 동쪽에 위치한 도시이다. 이 도시는 고대 이집트 제18왕조의 파라오 아케나톤Akhenaton이 건설한 새로운 수도였다. 아케나톤은 원래 아멘호테프 4세Amen-hetep IV로 즉위했다. 그러나 절대적 권력을 지닌 룩소르의 아몬 신관단에 저항했다. 그에 대한 대안으로 유일신 아톤Aton 신을 만들고, 수도를 옮겼다. 개명까지 했다. 하지만 그가 사망한 후 파라오로 즉위한 투탕카멘Tutankhamun은 다시 아몬 신을 숭배했다. 이후 룩소르로 천도하자, 이 도시는 방치되고 말았다.

텔 엘-아마르나가 이집트의 수도였던 기간은 불과 15년밖에

그림 8. 투탄카멘 무덤에서 발견된 그림. 투탄카멘이 왕비 아낙수나문(Ankhesenamen)으로부터 꽃을 받는 장면을 그린 것이다. 투탄카멘에 대해 전해지는 사실은 거의 없지만, 1922년 '왕가의 계곡'에서 무덤이 발견되면서 몇 가지 사실이 알려지게 되었다. 누나인 아낙수나문과 결혼했고, 재위 2년째 아버지 아케나톤이 새로 만든 아톤 신앙을 철폐했다. 말라리아에 걸려 18세에 사망한 것으로 알려져 있다.

되지 않았다. 그러나 이후 아무도 거주하지 않아 보존상태는 상당히 좋다. 아톤 신전이나 왕궁, 기록 창고, 귀족들의 저택, 공방, 묘지 등이 있으며, 조각과 공예품들이 발견되었다. 상형문자가 기록된 점토판들은 바로 왕실 문서고에서 출토된 것들이었다.

이집트의 상형문자는 이미 1822년에 대부분 해독되었다. 프랑스의 이집트 학자 장 프랑수아 샹폴리옹Jean-François Champollion의 업적이다. 따라서 이 점토판들을 읽는 것은 별다른 어려움이 없었다. 점토판 문서 가운데에는 히타이트와 관련된 내용들도 많았다. 주로 이집트와 히타이트 사이의 무력 갈등에 대한 것들이었다.

독일 고고학자 후고 빙클러_{Hugo Winckler}도 점토판 문서를 읽었다. 그는 문서의 내용이 상당히 친숙하다는 사실을 알게 되었다. 이는 이집트 카르나크 신전 벽에 새겨진 람세스 2세와 히타이트 하투실리 3세 사이의 조약문 내용이었다. 오늘날과 마찬가지로 과거에도 조약을 체결하면 해당 국가들이 조약문을 동일하게 가지고 있었다. 그런데 이집트에 있던 조약문이 1,600킬로미터 이상 떨어진 히타이트 영토에서 3천 년 후에 발견된 것이다.

이집트와 히타이트 사이에 체결된 세계사 최초의 평화 조약 내용은 다음과 같다. "이제부터 영원토록, 평화와 우정이 함께할 것이다... 이 협약에 따라 이집트의 위대한 왕과 하티의 위대한 왕자는 이제부터 서로를 적대시하지 않을 것을 신들께 맹세한다... 하티의 위대한 왕자는 영원히 이집트의 땅을 침략하지 않으리라. 이집트의 위대한 왕은 영원히 하티의 땅을 침략하지 않으리라."

다만 여기에 이집트는 "스물한 번째 해에, 첫 번째 달의 스물한 번째 날에, 상이집트와 하이집트의 지배자이신 라우세르마 왕의 치세에, 태양에게 집권을 허락받으신 분, 태양의 아들이신 라메스 메리아멘, 영원한 삶을 사시며 영원히 존재하실 분, 아멘라-하르마추 신의 사랑을 받으시는 분, 멤피스의 프타 신, 아셰루의 여신 무트, 첸수네페르호테프의 가호를 받으시는 분,

호루스의 옥좌를 계승하신 분, 아버지이신 태양처럼 영원토록 빛나실 분의 치세에...”라는 미사여구를 넣었다. 람세스 2세의 업적을 위대한 것으로 포장하기 위해서였다.

카데시 조약은 상호불가침 및 양국의 기존 국경선을 인정하는 원칙이었다. 이 조약을 근거로 카데시는 히타이트 제국의 영토가 되었다. 이와 더불어 두 국가 사이의 쌍무적 동맹 관계의 원칙이 다음과 같이 명시되었다. “만약 어떤 적이 이집트의 위대한 왕, 라메스 메리아멘의 땅을 침범한다면, 그의 요청에 부응하여 하티의 위대한 왕자는 그 적을 공격할 것이다... 만약 어떤 적이 하티의 위대한 왕자의 땅을 침범한다면, 이집트의 위대한 왕, 라메스 메리아멘은 그 적을 공격할 것이다.”

평화조약에는 망명이나 투항과 관련된 조항도 등장한다. 두 국가의 중요 인물이나 중요한 지역 혹은 도시가 배신하여 상대국에 망명하거나 투항할 경우, 바로 되돌려보내야 한다. 그리고 히타이트의 문서에는 다음의 내용이 등장한다. “히타이트의 왕 하투실리스의 아들은 그의 아버지를 이어 왕위에 오를 것이다. 만약 그에 반대하는 무리가 있다면, 이집트의 왕 람세스는 그들을 징벌하고자 보병대와 기병대를 보낼 것이다.”

이는 통해 당시 하투실리 3세가 조약을 체결한 이유를 추정해볼 수 있다. 그는 조카를 내쫓고 왕이 된 자신의 정통성을 인정받고자 했다. 혹시 다른 누군가가 쿠데타를 일으켜 자신을 왕위에서 내쫓을 수도 있다는 걱정이 끊이지 않았다. 따라서 그는 이와 같은 조항을 평화조약에 삽입했다. 망명한 사람을 본국으로 송환해야 한다는 조항 역시 마찬가지였다. 자신을 피해 이집트로 망명한 조카 무르실리스 3세를 자신의 수중에 두어 안심하기 위한 것이었다. 이를 위해서는 람세스 2세에게 카데시 조약 초안을 보냈던 것이다.

카데시 전투는 이집트와 히타이트 두 제국의 무승부로 끝난 전쟁이었다. 하지만 카데시 조약 내용을 통해 히타이트가 좀 더 약자의 입장이었다는 것을 알 수 있다. 사실, 하투실리는 카데시 조약을 체결한 이후, 자신의 큰 딸을 람세스 2세의 후궁으로 보냈다. 물론 막대한 지참금도 함께 보냈다. 이는 두 국가 사이의 미묘한 세력 불균형을 잘 보여준다.

람세스 2세는 이를 조약을 적극적으로 활용했다. 히타이트 제국이 먼저 평화조약 체결을 요청한 점과 지참금 및 후궁을 보낸 점을 이용했다. 그래서 자신이 하투실리보다 더 막강한 권력을 가진 파라오임을 보여주고자 했다.

그는 무르실리스 3세를 히타이트로 송환시키지 않았다. 하지만 히타이트 제국의 왕으로서 그의 권력을 인정했다. 평화조약 체결 이후 두 국가들 사이에서는 더 이상 전쟁이 발발하지 않았다. 따라서 카데시 조약의 효과는 상당히 컸던 것으로 볼 수 있다.

전쟁을 치르고 평화조약이 체결되는 것은 인류 역사 속에서 빈번하게 발생했다. 하지만 이와 같은 평화조약은 대부분 상당히 불평등한 조약이었다. 1914년 7월 28일, 오스트리아가 세르비아에 선전포고를 하면서 제 1차 세계대전이 시작되었다. 그리고 1918년 11월 11일, 독일의 항복으로 끝났다. 이후 평화조약이 체결되었다.

하지만 1919년 6월 28일, 베르사유에서 체결된 강화조약은 독일에 매우 가혹했다. 이 조약에 따르면, 독일은 모든 해외 식민지를 상실하고, 알자스-로렌 지역을 프랑스에 반환해야 했다. 또한 군비 제한과 더불어 1,320억 금마르크라는 엄청난 전쟁 배상금을 지불해야 했다.

당시 영국 경제학자 존 케인스John M. Keynes는 천문학적 액수의 배상금에 대해 신랄하게 비판했다. 제 1차 세계대전 이전 유럽의 경제적 번영은 산업과 공업이 발달했던 독일에 상당히 의존하고 있었기 때문이다. 그는 이와 같은 엄청난 배상금이 결국 독일 경제를 몰락시키고, 유럽의 다른 국가들까지도 빈곤해질 것이라고 생각했다.

배상금을 상환하기 위해 독일에서는 무분별하게 화폐를 발행했다. 결국 한 달에 50% 이상 물가가 상승하는 초인플레이션 현상이 발생했다. 이와 같은 경제적 어려움은 아돌프 히틀러Adolf Hitler와 나치가 집권할 수 있는 계기가 되었다. 그리고 1939년에

그림 9. 윌리엄 오펜(William Orpen), 《거울의 방에서의 평화 조약 체결》, 1919년 作. 윌리엄 오펜은 영국 초상화가로서 제1차 세계대전 기간 동안 영국 정부를 위해 많은 그림을 그렸다. 그래서 그의 그림은 당시 영국사회 및 세계사를 이해하는데 중요한 기록으로 활용되기도 한다. 《거울의 방에서의 평화 조약 체결》은 1919년 6월 28일, 제1차 세계대전을 공식적으로 종식시킨 베르사유 조약 서명을 묘사하고 있다. 그는 조약 체결을 위해 참석한 여러 정치인들을 그렸는데, 여기에는 미국 대통령 우드로 윌슨(Woodrow Wilson)이나 영국 수상 데이비드 로이드 조지(David Lloyd George), 프랑스 수상 조지 클레망소(Georges Clemenceau), 독일 중앙당 소속의 요하네스 벨(Johannes Bel)과 사민당 소속 헤르만 뮬러(Hermann Müller) 등이 등장한다. 오펜은 정치인을 아주 싫어해서 그림 속에서 화려한 루이 14세의 궁전에 비해 이들을 매우 작게 표현했다.

인류는 결국 다시 한 번 전 세계적인 전쟁을 경험해야만 했다.

'호혜평등互惠平等'은 국제관계에서 자주 사용되는 용어이다. 이는 이데올로기나 정치적 신념에 상관없이 우방국이나 적대국, 강대국이나 약소국, 모든 국가들을 평등하고 공평한 관계로서 대하는 것이다. 그리고 이를 토대로 외교 관계를 수립하는 것을 의미한다. 하지만 인류 역사 속에서 대부분의 평화 조약은 호혜평등 원칙과 어긋나는 경우들이 많았다. 전쟁에서 승리한 국가들이 패배한 국가들에 무리한 사항들을 요구하거나 강요했기 때문이다.

이러한 점에서 카데시 조약은 호혜평등적인 조약이다. 물론 람세스 2세가 자신의 업적을 미화시키기 위해 마치 이집트가 전쟁에서 승리한 것처럼 기록하고, 부조를 만들었던 것은 사실이다. 그리고 히타이트 제국에서 조약 체결의 필요성이 좀 더 컸던 것도 사실이다.

하지만 기원전 13세기에 체결된 이 조약은 상당히 평등한 조약이었다. 그리고 아주 오랫동안 지속된 '영구 평화조약Treaty of eternal peace'이었다. 오늘날 현대사회에서는 급변하는 국제 정세 때문에 영구적인 평화조약이 별다른 의미를 지니지 않는다. 이러한 점에서 카데시 조약은 여러 가지 시사점을 제기한다.

II

포에니 전쟁

포에니 전쟁
Punic Wars

그림 10. 줄리오 로마노(Giulio Romano), 《자마 전투》, 1535년 作. 로마노는 이탈리아 르네상스 3대 거장 중 한 사람인 라파엘로 산치오(Raffaello Sanzio)의 제자로서 이탈리아의 대표적인 건축가이다. 주로 바티칸 궁의 프레스코 작업을 담당했다. 《자마 전투》는 티투스 리비우스(Titus Livius)의 <로마사 이야기> 중 제2차 포에니 전쟁에 관련된 이야기를 읽고 스키피오(Publius Cornelius Scipio) 장군과 로마군이 카르타고 군대를 크게 무찌른 '자마 전투'를 태피스트리로 만든 것이다. 태피스트리는 여러 가지 색을 가진 실로 짠 직물을 의미한다.

1. 페니키아와 알파벳

'프리 크라임Pre-crime'은 범죄를 예측해서 범인을 체포하는 시스템이다. 이 시스템 덕분에 범죄 발생율이 현저하게 낮아졌다. 세 명의 예지자는 미래의 범죄를 예측할 수 있는 능력을 가지고 있다. 이들의 뇌에 있는 이미지를 영상으로 전환시키고, 이 예언을 근거로 범죄를 예방한다. 그리고 범죄자도 체포한다. 연방정보국은 이 시스템의 합법성을 조사하기 위해 검사를 파견했다. 하지만 그는 프리 크라임 시스템 팀장과 매번 대립하게 된다.

놀랍게도 프리 크라임은 새로운 살인범으로 팀장을 지목했다. 그 결과, 그는 경찰에 쫓기는 신세가 되고 말았다. 팀장은 자신의 무죄를 입증하기 위해 가장 뛰어난 예지자를 납치했다. 그리고 자신이 살인을 저지를 것으로 예정된 곳에 도착했다.

그 곳에서 그는 자신의 아들을 납치해 죽인 범인을 만났다. 하지만 원래 계획과 달리 복수를 포기하고, 경찰에 체포되었다. 팀장을 함정에 빠뜨린 사람은 시스템 개발자였는데, 결국 그는 스스로 목숨을 끊는다. 2000년에 개봉된 영화《마이너리티 리포트》의 내용이다. 여기에서 '마이너리티 리포트'는 예지자의 소수 의견을 의미한다.

SF 영화답게 이 영화에는 여러 가지 과학기술들이 등장한다. 이 가운데 주목할 만한 것은 안구 스캔이다. 주인공이 수배 상황을 피해 도망가던 중 안구 스캔을 통해 지나가는 사람에게 적합한 광고를 지하철 벽에 띄워준다. 인종이나 성별, 키, 몸무게, 성향 등 다양한 정보를 토대로 광고를 매치해주는 이 광고는 빅데이터Big Data를 기반으로 한다.

빅데이터는 디지털 환경에서 생성되는 정보와 데이터를 의미한다. PC와 모바일, 인터넷 기기가 보편화되면서 엄청난 양의 정보와 데이터가 축적되고 있다. 이러한 정보는 상상할 수 없을 정도로 규모가 크고, 생성 주기도 짧다. 그리고 숫자뿐만 아니라 영상과 문자도 포함하고 있다.

사실, 지식과 정보의 축적은 인류가 지구에 등장한 이후부터 시작되었다. 이러한 지식과 정보는 인류의 생존에 매우 중요한 역할을 담당했다. 특히 한 지역에서 다른 지역으로 이동했을 때 아주 중요했다. 새로운 환경으로 이동한 사람들은 생존을 위해 그 지역에 대한 지식과 정보가 필요했기 때문이다.

약 160만 년 전, 호모 에렉투스Homo erectus는 아프리카에서 출현했다. 그리고 인류 역사상 최초로 아프리카를 벗어나 유럽과 중국, 그리고 인도네시아로 이주했다. 호모 사피엔스Homo sapiens도 아프리카를 벗어났다. 약 1만 년 전의 마지막 빙하기에 이들은 얼어붙은 베링 해협을 건너 시베리아에서 아메리카로 이주했다.

호모 사피엔스는 왜 아메리카로 이주했을까? 많은 학자들은 인구 증가나 식량 부족 때문에 이들이 이주했던 것으로 추정한다. 호모 사피엔스의 이주를 둘러싸고 여러 가설이 제기되고 있지만, 한 가지는 분명하다. 새로운 환경이나 생태 조건에 대한 지식과 정보가 축적될수록 인간의 삶이 더욱 효율적이었다는 것이다.

시간이 흐르면서 더 많은 지식과 정보가 교환되고 축적되었다. 그래서 사람들은 이를 효율적으로 전달할 수 있는 체계를 만들기 시작했다. 바로 문자이다.

기원전 3000년경, 최초의 문자가 등장했다. '비옥한 초승달' 지역이라 불리는 수메르의 설형문자였다. 처음에는 원이나 선으로 표현했다. 그러다가 점토판에 쐐기형의 글자를 새겼다. 쐐기는 일종의 나무못이다. 나무를 V자 형태로 깎아 나무로 만든 물건 틈새에 끼운다. 그래서 연결된 부분이 움직이지 않도록 하는데 사용된다. 설형문자는 쐐기와 형태가 비슷해보여서 '쐐기문자'라고 부르기도 한다.

당시 수메르에서는 진흙으로 만든 점토판을 쉽게 구할 수 있었다. 그래서 수메르인들은 갈대 끝을 뾰족하게 만들어서 점토판에 누르거나 새겨 자국을 남겼다. 그리고 이를 자연스럽게 문자로 활용했다. 쐐기문자에 곡선 모양이 거의 없는 이유이기도 하다.

수메르인들은 점토판에 쐐기문자를 새긴 후 햇볕에 말려서 보관했다. 중요한 문서들은 불에 굽기도 했다. 오랫동안 보관하기 위해서였다. 그 덕분에 오늘날까지 쐐기문자로 기록된 점토판이 보존되어 있다.

기원전 2500년경, 수메르의 쐐기문자는 북쪽의 아카드인들에게 전파되었다. 이후 쐐기문자는 서아시아 지역의 공용 문자로 사용되기 시작했다. 그리고 기원전 15세기경, 오늘날 시리아 서부에 위치한 우가리트는 아카드의 문자를 수용해 이를 변형시켰다.

우가리트 문자도 쐐기문자였다. 하지만 수메르나 아카드의 문자와는 달리, 자음과 모음으로 구성되어 있었다. 수메르의 쐐기문자가 표의문자였다면, 우가리트의 쐐기문자는 표음문자였던 것이다.

우가리트인들이 남긴 문서의 주제나 내용은 『구약성경』과 상당히 비슷하다. 그들의 언어 역시 히브리어와 아주 가깝다. 그래서 성경의 역사를 이해하고, 그 내용을 해석하는 데 많은 도움이 된다. 우가리트는 기원전 1200년경, 그리스의 해상민족에 의해 멸망했다. 이후 오랫동안 잊혔다가 1920년대 우연히 발견되었다. 우가리트의 발견으로 가나안 북부 지역의 역사는 새로 서술되고 있다.

쐐기문자로 남겨진 문헌 가운데 대표적인 것은 <길가메시 서사시>이다. 이는 세계에서 가장 오래된 서사시이다. 영웅 길가

그림 11. 귀도 레니(Guido Reni), 《폴리페모스》, 1639-40년 作. 흔히 '제 2의 라파엘로'라고 불리는 레니는 이탈리아의 대표적인 프레스코 벽화가이다. 풍부한 색채 감각과 부드러운 터치감이 특징이며, 종교화 및 이국적인 회화를 주로 그렸다. 그의 작품 가운데 《폴리페모스》는 그리스 신화에 나오는 외눈박이 거인족 키클로페스(Kyklopes)를 그린 것이다. 키클로페스는 트로이 전쟁을 끝내고 귀향하던 오디세우스(Odysseus) 일행을 잡아먹으려다 오히려 눈을 찔려 장님이 된다. 그는 폴리메포스 이야기가 <길가메시 서사시>에 등장하는 삼나무숲 괴물 훔바바(Humbaba)와 길가메시, 그리고 엔키두의 싸움과 상당한 유사성을 가진다고 생각했다.

메시Gilgamesh는 수메르의 도시인 우루크의 왕이다. <길가메시 서사시>에서는 그와 엔키두Enkidu의 다툼과 우정, 여신의 유혹, 방랑, 대홍수 등에 관련된 이야기들이 서술되어 있다.

우가리트 지역에서 발굴된 문서들 가운데에는 그 지역의 종교에 대한 설명도 포함되어 있다. 물론 이스라엘인들이 가나안에 정착하기 전이다. 그래서 여러 학자들은 쐐기문자로 쓰인 우가리트의 문서들이 성경 연구에 많은 도움이 되고 있다고 생각한다.

페니키아는 오늘날 레바논과 시리아, 이스라엘의 해안 지역에 해당된다. 레바논의 수도인 베이루트Beirut나 레바논 남부에 위치한 사이다Saydā 등의 도시를 중심으로 많은 사람들이 해상 무역에 종사했다.

당시 문헌에 따르면, 페니키아인들이 가지고 있던 기술은 염색기술이었다. 이들은 고동의 분비물을 이용해 값비싼 보라색 염료를 만들었다. 그래서 그리스인들은 이들을 '포이니키스Phoinik'e'라고 불렀다. 이는 '자색의 사람'이라는 뜻을 가지고 있다.

겨울철 남쪽 하늘에서 볼 수 있는 별자리 가운데 하나는 황소자리이다. 천문학자들에 따르면, 육안으로 총 143개의 별을 볼 수 있다. 그리스 신화에서 제우스Zeus는 페니키아 공주 에우로파Europa를 유혹하고자 했다. 그래서 흰 황소로 변했다. 그리고 그리스에서 가장 큰 섬인 크레타 섬으로 달아나 미노스Minos와 라다만티스Rhadamanthys, 사르페돈Sarpedon을 낳았다. 제우스는 공주를 유혹했던 황소를 기리기 위해 별자리로 만들었다.

후일, 에우로페는 크레타 섬을 다스리던 아스테리오스Asterios

그림 12. 티치아노 베첼리오(Tiziano Vecellio), 《에우로파의 납치》, 1560-62년 作. 베첼리오는 북이탈리아 지역에서 바로크 양식의 선구자였다. 그의 그림은 사실적 묘사가 특징이었으며, 인간성에 초점을 둔 작품을 주로 그렸다. 이 작품은 흰 황소로 변한 제우스가 에우로파를 납치하는 장면을 그린 것으로서 그녀의 옷 매무새는 흐트러져있다. 이는 흰 황소의 등에 자발적으로 올라탔다는 신화의 내용과는 다소 상반된 이야기이다.

의 아내가 되었다. 이들 사이에서 아들이 태어나지 않자 3형제는 아스테리오스의 의붓아들이 되었다. 그러나 3형제 사이에서 왕위 계승을 둘러싼 다툼이 발생했다. 그 결과, 미노스가 크레타의 왕이 되었다. 이 다툼에서 바다의 신 포세이돈Poseidon은 미노스에게 아름다운 황소를 주었다. 신들에게 바칠 제물이었다. 하지만 미노스는 황소를 신들에게 제물로 바치지 않았다.

포세이돈은 이 사실에 몹시 분노했다. 그래서 미노스의 아내 파시파에Pasiphae와 황소를 사랑에 빠지게 만들었다. 그 결과, 머리는 소, 몸은 사람인 괴물 미노타우루스Minotaurs가 태어났다. 미노스는 이 괴물을 가두기 위해 영원히 빠져나올 수 없는 미궁을 건설하도록 했다.

페니키아는 기원전 1500년경까지 이집트의 지배를 받았다. 하지만 카데시 전투를 비롯해 여러 전쟁에 참전하면서 이집트의 영향력은 점차 약해졌다. 이 틈을 타서 페니키아는 독자적인 해양 세력으로 성장하기 시작했다.

기원전 1250년 즈음, 페니키아는 지중해 동쪽과 에게해 연안까지 점령했다. 그러면서 지중해 연안의 가장 강력한 세력으로 부상했다. 그리고 여러 식민지를 개척했다. 당시 페니키아의 대표적인 식민지로는 키프로스Cyprus나 러시아 남부에 위치한 코카서스Caucasus 등이 있다. 뿐만 아니라 아프리카와 인도 동쪽까지 세력을 확대시켰다.

페니키아의 세력 확장은 선박 제조기술 덕분이었다. 당시 페니키아에서는 삼나무를 비롯해 큰 목재를 구하기 쉬웠다. 페니키아인들은 전쟁을 위해 폭이 좁고 긴 선박을 만들었다. 그리고

명화로 읽는 전쟁의 세계사

교역을 위해서는 돛에 의존하는 범선을 만들었다. 범선이란 풍력을 이용해 운항하는 선박을 의미한다. 더 많은 화물을 적재하기 위해 이들은 노를 사용하지 않았다. 또한 페니키아인들은 뛰어난 항해기술을 가지고 있었다. 이들은 조수간만의 차이 및 조류의 흐름에 대한 지식이 풍부했다.

페니키아인들이 주로 교역했던 상품은 목재였다. 대부분 삼나무나 소나무였다. 그밖에도 베이루트 등지에서 생산되는 아마亞麻, 보라색 염료와 이로 염색한 옷감, 포도주, 유리 공예품 등이 있었다. 이들은 아프리카와 아시아를 연결하는 중개무역을 통해 상아나 금을 판매했다. 그리고 이베리아 반도에서는 은을 생산해 여러 지역에서 거래했다. 이러한 점에서 페니키아는 실크로드 이전에 고대 지중해의 여러 지역들을 연결하는 네트워크의 중심지였다.

페니키아는 중개무역을 통해 지중해와 아프리카, 유럽을 연결했다. 그러면서 이들 사이에서는 문자의 필요성이 나타났다. 여러 지역들의 언어를 쉽고 편하게 표기해야 하기 때문이다. 그래서 이들은 기존 문자들을 활용해 새로운 문자를 만들었다. 바로 페니키아 문자이다. 페니키아인들의 활발한 교역활동과 함께 페니키아 문자도 널리 전파되었다. 그 결과, 기원전 850년경, 지중해 연안의 대부분 지역에서는 이 문자를 사용하기 시작했다.

페니키아 문자에 많은 영향을 미친 것은 원시 가나안 문자였다. 원시 가나안 문자는 기원전 15세기경, 오늘날 팔레스타인 및 시리아 남쪽에 위치한 가나안Canaan 지역에서 사용했던 22개의 상형문자이다.

사실, 원시 가나안 문자는 원시 시나이 문자로부터 영향을 받았다. 이 문자는 시나이 반도의 셈족이 사용했던 문자였다. 하나의 글자가 하나의 자음을 표현하는 일종의 표음문자이다. 그리고 이집트 문자인 히에로글리프hierogrlyph로부터 영향을 받았다.

히에로글리프는 기원전 3200년경에 만들어진 것으로 추정된다. 왕의 이름이나 업적 등을 기록하는데 주로 사용되었기 때문에 '신성문자神聖文字'라고 부르기도 한다. 또한 돌이나 나무 등에 새긴 것이라서 '성각문자聖刻文字'라고도 부른다. 사람의 동작이나 주변의 사물 형태를 차용해서 만든 표의문자이다. 학자들에 따르면, 이집트인들은 음절의 첫 소리를 활용해 24개의 알파벳을 정했다. 그래서 페니키아 문자의 기원을 거슬러 올라가면, 히에로글리프로부터 많은 영향을 받은 것으로 추정된다.

페니키아 문자는 우가리트의 설형문자로부터 영향을 받기도 했다. 베이루트에서 40킬로미터 정도 떨어진 비블로스Byblos는 지중해의 고대 도시이다. 기원전 4500년경에 건설되었으며, 기원전 1200년 이후에는 페니키아의 3대 항구도시 가운데 하나로 성장했다.

당시 페니키아인들은 레바논의 백향목을 수출하고, 이집트의 파피루스를 수입하는 교역에 종사했다. 비블로스는 바로 이집트산 파피루스의 집산지였다. 1923년에 이 지역에서 프랑스 고고학자 피에르 몽테Pierre Montet가 석관을 발견했다. 이 석관은 기원전 10세기 경, 레바논 남부의 항구도시 티레Tyre 왕 아히람Ahiram의 것이었다.

《구약성서》《열왕기상》제 5장 5절과 6절에는 다음과 같은 구절이 등장한다.

"여호와께서 내 아버지 다윗에게 하신 말씀에 내가 너를 이어 네 자리에 오르게 할 네 아들 그가 내 이름을 위하여 성전을 건축하리라. 하신 대로 내가 내 하나님 여호와의 이름을 위하여 성전을 건축하려 하오니 당신은 명령을 내려 나를 위하여 레바논에서 백향목을 베어내게 하소서. 내 종과 당신의 종이 함께 할 것이요, 또 내가 당신의 모든 말씀대로 당신의 종의 삯을 당신에게 드리리라. 당신도 알거니와 우리 중에는 시돈 사람처럼 벌목을 잘하는 자가 없나이다."

솔로몬은 예루살렘에 성전을 지을 때 아히람에게 도움을 요청했다. 그러자 그는 레바논의 백향목과 인부들을 보내주었는데, 이는 그 내용을 기록한 것이다.

아히람이 세상을 떠나자 아들 이토바알Ittobaal이 석관에 페니

그림 13. 루카스 데 헤레(Lucas de Heere), 《솔로몬 왕을 방문한 시바 여왕》, 1559년 作. 헤레는 플랑드르의 대표적인 화가로서 스페인의 개신교 탄압을 피해 난민이 되었다. 이후 겐트 조약이 체결되고 나서야 비로소 고향으로 돌아갈 수 있었다. 예루살렘 신전 공사는 약 20년이 걸린 대공사였다. 《솔로몬 왕을 방문한 시바 여왕》은 당시 솔로몬의 지혜를 시험해보기 위해 방문했던 시바 여왕이 장대한 예루살렘 신전을 보고 오히려 향료와 보석을 바쳤다는 이야기를 그린 것이다.

키아 문자로 다음과 같은 내용을 새겼다. 몽테가 발견한 것이 바로 이 석관이었다.

"비블로스의 왕이자 아히람의 아들 이토바알이 아버지를 위해 영원한 휴식처로 만들었다. 언젠가 지배자나 총독, 또는 군대의 사령관이 비블로스를 공격하고 관을 연다면 그들의 왕좌는 전복되리라. 비블로스는 평화를 잃으리라!"

페니키아 문자는 총 22개로 구성되어 있다. 문자 하나가 하나의 소리를 가지는 표음문자이다. 서쪽으로 확산되면서 이 문자는 오늘날 전 세계적으로 가장 많이 사용되고 있는 라틴 문자로 발전했다. 그리고 동쪽으로 확산되면서 아랍 문자를 포함해 아시아 여러 지역에서 사용하는 문자로 발전했다. 따라서 페니키아 알파벳은 최초의 표음문자일 뿐만 아니라 오늘날 전 세계적으로 사용하고 있는 문자의 근원이라고 할 수 있다.

2. 메시나와 제 1차 포에니 전쟁

국립경주박물관에는 20세기 전까지 우리나라에서 가장 큰 종이 있다. 높이는 3.75미터, 지름은 2.27미터에 달한다. 무게는 무려 18.9톤이다. 이 종은 바로 성덕대왕신종聖德大王神鐘이다.

신라의 전제왕권을 확립했던 제 33대 성덕왕聖德王을 기리기 위해 아들인 경덕왕景德王이 만들었다. 하지만 종이 완성되기 전에 경덕왕이 세상을 떠났다. 결국 종은 손자인 혜공왕惠恭王 때 완성되어 봉덕사奉德寺에 걸렸다. 후일 조선이 건국되면서 불교를 억압하는 정책이 수립되었다. 그래서 절의 범종을 녹이는 일이 자주 발생했는데, 세종世宗은 이 종을 녹여 없애자는 여론을 친히 막기도 했다.

이 종은 특별한 별명을 가지고 있다. 바로 '에밀레종'이다. 이러한 별명을 가지게 된 데에는 다음과 같은 이야기가 전해 내려온다.

혜공왕은 성덕대왕신종을 만들기 위해 백성들로부터 모금했다. 당시 시주하러 다니던 한 스님이 어떤 집에 들렀다. 하지만 그 집은 매우 가난했다. 홀로 아이를 키우던 과부는 시주하고 싶지만, 가진 것이 갓난아이뿐이라고 말했다. 그러면서 아이라도 받겠냐고 물었다. 스님은 그 집을 떠나 다른 곳을 돌아다니며 시주를 받았다.

하지만 도무지 종이 완성되지 않아 점을 쳤다. 놀랍게도 '받아야 할 시주를 받지 않았다'는 점괘가 나왔다. 당시 시주를 하지 않은 사람은 아기라도 주겠다는 과부밖에 없었다. 그녀의 반대에도 불구하고, 스님은 아이를 데려와 쇳물에 던졌다. 이후 종이 완성되었다. 그러나 종을 칠 때마다 엄마를 그리워하는 아이의 소리처럼 '에미일레라'라고 들린다고 해서 이런 별명이 붙여졌다.

성덕대왕신종에 얽혀 있는 이 이야기는 바로 '인신공양人身供養'이다. 비단 우리나라뿐만 아니라 전 세계적으로 존재했던 풍습이다. 학자들은 이 관습이 수렵채집시대부터 존재했던 것으로 보고 있다. 심지어 농경시대에도 여러 지역에서 이와 같은 관습이 존재했던 것으로 추정하고 있다.

중국 최초의 왕조인 상商나라에서는 건물을 안정적으로 짓기 위해 인신공양을 했다. 기둥마다 사람 머리를 수십 개씩 묻었는데, 주로 전쟁포로들이었다. 잉카 제국에서는 '카파초챠capacocha'를 행했다. 이는 살아 있는 사람을 절벽에서 떨어뜨려 신에게 바치거나 어린아이를 제물로 바치는 의식이다. 아즈텍 제국에서도 인신공양을 했다. 피라미드 꼭대기에서 포로의 팔다리를 묶은 채 사제가 흑요석 칼로 심장을 꺼내 제단에 바쳤다.

이런 인신공양의 관습에서 파생된 것 중 한 가지가 바로 식인주의canibalism이다. 15세기 말, 스페인 사람들이 카리브 해에 도착했을 때 이들은 지역 원주민들이 식인풍습을 가지고 있다는 사실을 발견했다. 따라서 'canibalism'이라는 단어의 'canibal'은 카리브 사람을 지칭하는 'carib'에서 유래된 것으로 볼 수 있다.

인류 역사 속에서 식인주의는 오랫동안 존재했다. 대부분 종교적 혹은 의례적인 목적이었다. 제사를 지내기 위해 사람을 제물로 바치거나 전쟁에서의 승리를 축하하기 위해 패배자의 시신에서 살을 베었다. 그밖에도 영적 능력을 향상시키거나 굶주림을 해결하기 위해 식인주의를 행해 왔다.

오랫동안 많은 학자들은 식인주의를 야만적인 것으로 규정해왔다. 그리고 그 속에서 유럽중심적 역사관을 강조했다. 식인주의를 통해 유럽인은 우월하고, 비유럽인은 야만적이라는 차별적인 태도를 보였던 것이다. 이는 유럽 전역으로 확산되었던

그림 14. 살바도르 달리(Salvador Dalí), 《가을의 카니발리즘》, 1936년 作. 20세기 미술에 가장 큰 영향을 미친 달리는 대표적인 초현실주의 화가이다. 그는 합리적 사고나 이미지를 거부하고, 잠재의식 속에서 영감을 찾았다. 1936년에 그린 《가을의 카니발리즘》은 스페인 내전 직후에 그린 것이다. 얼굴이 없는 두 사람이 서로를 삼키고 있다. 머리와 몸이 합쳐져 있고, 칼과 스푼으로 서로의 살을 파내고 있다. 주변 풍경은 그가 태어난 카탈로냐의 엠포르다이다. 그는 조국인 스페인에서 발생한 내전을 식인주의에 빗대어 표현했다.

오리엔털리즘과 제국주의의 사상적 토대가 되었다.

페니키아도 인신공양이 이루어졌던 지역이었다. 페니키아인들이 믿었던 신은 몰렉Molech이었다. 일반적으로 소의 머리에 사

명화로 읽는 전쟁의 세계사

람의 모습을 하고 있었으며, 불을 섬겼다. 그런데 몰렉 신에게 제사를 지내는 방법은 상당히 끔찍했다.

역사학자들에 따르면, 몰렉 신의 상은 거대한 청동으로 만들어졌다. 청동상은 큰 손바닥을 펴고 있으며, 한가운데 거대한 아궁이가 있었다. 페니키아인들은 이 아궁이에 불을 때서 청동상을 달구었다. 그리고 큰아들이 갓난아기일 때 청동상의 손바닥 위에 올려놓는다. 갓난아기가 타 죽을 때 지르는 비명과 부모들의 울음을 가리기 위해 아주 큰 소리로 북을 두드린다고 한다.

이러한 끔찍한 인신공양의 풍습은 상당히 오랫동안 남아 있었다. 후일 페니키아의 식민지 가운데 하나였던 카르타고에도 인신공양과 관련된 기록이 남아 있다. 당시 시민들은 전쟁에서 패배하자, 3백 여 명의 귀족 아이들을 이런 방식으로 몰렉 신에게 제물로 바쳤다.

카르타고는 페니키아인들이 아프리카 북부에 위치한 튀니스 Tunis 만 연안에 건설한 도시였다. 지중해 교역의 요충지였기 때문에 일찍부터 해상무역이 발달했다. 특히 스페인과 아프리카를 연결하는 교역로가 발달하면서, 기원전 600년경에는 지중해 서쪽의 교역권을 장악했다. 이후 지중해에서 가장 큰 섬인 시칠리아Sicilia를 장악했다.

당시 카르타고는 3세기 이상 그리스와 계속 충돌했다. 시칠

그림 15. 프랑소와즈 르브륑(François Topino-Lebrun), 《피로스의 스파르타 점령》, 1799년 作. 르브륑은 프랑스 신고전주의 화가로서 자크 루이 다비드(Jacques-Louis David)가 가장 총애했던 제자였다. 스파르타와 에피로스의 전쟁은 기원전 272년에 발생한 것으로서 펠로폰네소스에 대한 에피로스의 영향력을 확대하기 위해 시작되었다. 하지만 스파르타의 승리로 끝났고, 이 전쟁에서 피로스는 사망했다.

리아를 둘러싼 패권 때문이었다. 기원전 480년에 시칠리아 섬에 위치한 시라쿠사Siracusa와의 전쟁에서 카르타고가 패배했다. 이후 기원전 4세기 초반에 카르타고는 시칠리아의 패권을 다시 확립했다. 하지만 그리스 서부에 위치한 에피로스Epeiros 왕 피로스Pyrros의 개입으로 시칠리아에 대한 지배권을 상실하기 시작했다.

피로스는 "피로스의 승리"의 주인공이다. 이 말은 패전이나 다름없는 의미 없는 승리를 의미한다. 에피로스의 왕 피로스는

명화로 읽는 전쟁의 세계사

로마와의 전쟁에서 두 번 승리를 거두었지만, 많은 장군들을 잃었다. 그리고 최후의 전투에서는 결국 패배했다. 이후 사람들은 많은 희생이나 비용을 들여 얻은 승리를 "피로스의 승리"라고 부르기 시작했다.

카르타고와 피로스의 갈등은 로마와 타렌툼Tarentum의 분쟁으로 거슬러 올라간다. 이탈리아 남부에 위치한 타렌툼은 기원전 8세기 경, 그리스가 건설한 식민도시이다. 기원전 228년에 타렌툼 바다에 로마 선박 10여 척이 나타났다. 여기에는 무장한 병사들이 타고 있었다. 이는 로마인들이 타렌툼 영해에 침입하지 않겠다는 조항을 위반한 것이었다. 이에 타렌툼 시민들은 해군을 출동시키고, 로마 선박을 공격했다. 그리고 피로스에게 도움을 요청했다.

피로스가 타렌툼을 돕기로 결정한 이유는 여러 가지였다. 이 중 한 가지는 과거에 타렌툼의 도움으로 그리스 이오니아 제도에 위치한 코르키라Corcyra 섬을 정복했기 때문이다. 뿐만 아니라 당시 그는 마케도니아의 왕위 계승 분쟁에 개입하고 있었다. 마케도니아 왕국을 되찾기 위해서는 자금이 필요했다. 피로스는 타렌툼을 도와 로마를 격퇴하고, 카르타고로부터 시칠리아를 보호한다면 자금을 얻을 수 있을 것이라고 생각했다. 하지만 그의 개입 때문에 카르타고는 시칠리아에서 패권을 상실하게 되었다.

이 시기에 카르타고는 로마와 조약을 맺고 있었다. 그래서 별다른 충돌이 없었지만, 지중해 지역의 패권을 둘러싼 두 국가의 갈등은 점차 깊어졌다. 당시 로마는 이탈리아 반도 전체를 장악했다. 그리고 카르타고는 오늘날 알제리와 튀니지를 중심으로 스페인과 시칠리아 섬 절반을 지배하고 있었다. 그래서 카르타고의 입장에서는 시칠리아가 매우 중요한 지역이었다. 이 지역을 로마에게 빼앗긴다면 지중해 교역권을 유지하고, 로마로부터 카르타고를 보호하는 것이 위험해지기 때문이다.

당시 시칠리아는 내전 중이었다. 시칠리아 북동쪽에 위치한 메시나Messina는 기원전 8세기경, 그리스가 건설한 식민도시였다. 그리고 지중해 해상교통의 요지였다. 라틴계 마메르인들이 반란을 일으켜 메시나를 점령했고, 이들은 그리스계 메시나인들을 살해했다. 시칠리아의 여러 도시들은 가장 강력했던 시라쿠사를 중심으로 메시나를 공격했다. 그러자 메시나는 로마와 카르타고에 모두 도움을 요청했다.

로마는 같은 라틴계였지만, 처음에 메시나의 요청에 망설였다. 해상 진출 경험이 부족했기 때문이다. 로마는 메시나가 카르타고에도 도움을 요청했다는 사실을 알게 되었다. 그래서 카르타고가 시칠리아를 지배하지 못하도록 하기 위해 파병을 결정했다. 하지만 로마는 메시나를 보호하는 대신, 식민지로 만들어 버렸다.

명화로 읽는 전쟁의 세계사

이 시기에 카르타고는 시칠리아 섬 전체의 패권을 모색하던 중이었다. 그래서 시칠리아 내전을 계기로 카르타고의 영향력을 확대시키고자 했다. 카르타고는 시라쿠사 왕 히에론 2세Hieron II와 동맹을 체결했다. 그는 메시나를 식민지로 삼은 로마의 결정에 불만을 가지고 있었다.

하지만 로마는 카르타고와 시라쿠사 동맹군을 무찔렀다. 그리고 시라쿠사로 진입했다. 결국 시라쿠사는 카르타고와의 동맹을 저버리고, 로마와 동맹을 체결할 수밖에 없었다. 이제 시칠리아 내전은 로마와 카르타고의 전쟁으로 확대되었다. 바로 '포에니 전쟁Punic War'이다.

포에니 전쟁은 로마와 카르타고 사이에서 발생한 전쟁을 의미한다. 당시 로마인들은 페니키아 및 그 식민지였던 카르타고를 '포에니'라고 불렀다. 포에니 전쟁은 기원전 254년부터 기원전 146년까지 총 3차례에 걸쳐 발생했다.

카르타고는 강력한 해군을 보유하고 있었다. 지중해의 여러 지역들과 이베리아 반도, 그리고 아프리카를 연결하는 교역을 독점했기 때문이다. 반면, 로마는 해군보다는 육군이 강했다. 이탈리아 반도를 통일하기 위해서는 강력한 육군이 필요했다. 내전이 발생했던 시칠리아는 섬이었다. 로마는 나폴리를 비롯한 동맹국들의 도움을 받아 선박 제조 기술을 지원받았다. 로마의 동맹국들은 2단 선박을 사용했던 반면, 카르타고는 3단 선박을 이용했다. 그래서 로마군은 카르타고 군함을 나포해 재조립하기도 했다. 그러나 경험이 부족한 탓에 첫 해전에서 패배했다.

그리스 역사가 폴리비오스$_{Polybios}$는 로마의 우수성을 강조했다. 특히 로마의 공화정이야말로 권력분립을 통해 균형을 이루는 최고의 정치체제라고 찬양했다. 그는 <역사$_{Historiai}$>를 집필했는데, 제 1차 포에니 전쟁부터 기원전 144년까지 로마의 역사를 서술했다. 이 저서에는 로마 해군의 특별한 전술에 대해 기록되어 있다. 바로 코르부스$_{corvus}$이다.

코르부스는 배의 기둥에 장착된 접이식 다리이다. 『역사』에 따르면, 코르부스를 장착하는 기둥은 높이가 7미터, 굵기가 30센티미터였다. 여기에 10미터 이상의 다리가 연결되어 있었다. 다리 중간에는 줄이 달려 있다. 이 줄은 기둥 꼭대기와 연결되어 있는데, 줄을 이용해 다리를 세우거나 적의 배에 걸칠 수 있다. 나무 널빤지를 십자로 교차시켜 못을 박아 만들었기 때문에 상당히 튼튼했다.

이 다리의 끝에는 거대한 뿔이 달려 있었다. 길이는 약 65센티미터에 달했다. 마치 까마귀의 부리처럼 생겼기 때문에 '코스부스'라고 불렀다. 코르부스는 까마귀속의 학명을 의미한다. 역사학자들에 따르면, 이 뿔의 용도는 적군의 함대에 구멍을 내거나, 다리를 고정시키기 위한 것으로 추정된다. 일단 적의 함대 근처에 도착해 코르부스가 제대로 작동하기만 한다면, 로마 병사들이 카르타고 군함 안으로 들어가는 것은 그리 어렵지 않았다. 이는 해전에 약한 로마군의 단점을 보완하기 위한 장치였다.

육지전에 약한 카르타고는 용병을 고용했다. 기원전 255년에 로마는 카르타고의 시칠리아 지원을 봉쇄하기 위해 카르타고 본토를 침략했다. 카르타고가 평화를 제의하자, 로마는 해군 해체를 요구했다. 카르타고는 이를 거부할 수밖에 없었다.

카르타고는 스파르타 출신의 용병 크산티푸스Xantippus를 중심으로 전쟁을 일으켰다. 당시 로마군의 사령관 마르쿠스 레굴루스Marcus Atilius Regulus는 이 전쟁에서 패배해 카르타고의 포로가 되었다. 로마군은 가까스로 승리를 거두긴 했지만, 철수하는 도중 폭풍을 만나 많은 병력을 잃고 말았다. 그야말로 '피로스의 승리'인 셈이다.

하지만 로마는 시칠리아에서 철수하지 않았다. 대신 카르타고가 점령하고 있던 팔레르모Palermo를 함락시켰다. 기원전 253년에 카르타고는 대규모의 코끼리 부대를 앞세워 팔레르모를 다시 점령했다. 당시 이 도시를 수비하고 있던 로마 장군 메텔루스Quintus Caecilius Metellus Numidicus는 투창을 이용해 카르타고의 코끼리 부대를 공격했다. 코끼리 부대가 로마군이 아닌 카르타고군을 공격하면서 로마가 승리를 거두었다.

기원전 247년에 카르타고는 새로운 사령관을 임명했다. 바로 하밀카르 바르카Hamilcar Barcas였다. 하지만 당시 카르타고 본국에서 전쟁을 둘러싸고 분열이 일어났다. 하밀카르는 지원을 제대로 받지 못했고, 섣불리 공격할 수 없었다. 결국 카르타고는 기원전 241년에 시칠리아 섬 북서쪽에 위치한 트라파니Trapani 해전에서 로마에 패배했다. 해군의 상당수를 잃은 카르타고는 시칠리아를 포기하고 로마와 평화조약을 체결할 수밖에 없었다.

1. 카르타고는 시칠리아 섬에서 철수하고, 시칠리아에 대한 영유권을 영원히 포기한다. 더불어 에가디Egadi 제도, 몰타Malta 섬, 판텔레리아Pantelleria 섬은 로마의 영토로 귀속된다.
2. 카르타고는 시라쿠사를 포함한 로마 동맹국들에 대해 싸움을 걸지 않기로 약속한다.
3. 포로는 양국 모두 몸값을 받지 않고 석방한다.
4. 카르타고는 로마에 대한 배상금으로 3천 200탈렌트를 강화가 발효한 뒤에 일시불로 지불한다.
5. 로마는 카르타고의 자치와 독립을 존중한다.

시칠리아와 지중해 패권을 둘러싸고 발발한 제 1차 포에니 전쟁은 로마의 승리로 종결되었다.

로마에게 이는 단순한 승리를 의미하는 것이 아니었다. 1천 년 이상 지중해의 해상권을 장악했던 강대국 카르타고에 승리했기 때문이다. 특히 로마는 해전의 경험이 거의 전무했다. 제 1차 포에니 전쟁의 승리는 로마인들의 자부심을 고취시키는데 충분한 동기를 부여했다. 그리고 로마의 지중해 지배의 당위성을 제공했다.

3. 한니발 vs. 대★ 스키피오

우가리트Ugarit는 시리아 북부 연안에 위치하고 있다. 기원전 17세기부터 기원전 12세기까지 번성했던 페니키아의 도시국가였다. 지중해 연안의 여러 지역들과의 교역을 통해 부를 축적했다. 그리고 메소포타미아와 이집트, 그리고 에게해 문화를 서로 전달하는 교량 역할을 담당했다. 메소포타미아의 다른 도시국가들과 마찬가지로 이 지역에서도 쐐기문자를 사용했다. 점토판에 쐐기문자로 신화를 새겼는데, 그 중 한 가지는 바로 '하늘의 활'이다.

페니키아인들의 신화에는 여러 신들이 등장한다. 하늘의 지배자이자 신들의 아버지인 엘El, 비와 풍요의 신 바알Baal, 바다의 신 얌Ym, 대장장이 신 코타르Kothar, 전쟁과 수렵의 여신 아나트Anath 등이다. 아나트가 코타르에게 부탁해 활을 만들었다. 그런데 그는 인간의 세계에 그 활을 두고 오게 되었다. 신을 대접한 집주인은 활을 신의 선물이라고 생각하고, 아들에게 주었다.

아나트는 아들에게 원하는 만큼 금과 은을 줄 테니 활을 달라고 요구했다. 하지만 그는 이 요구를 거절했다. 어떠한 제안에도 활을 주지 않자, 아나트는 부하에게 활을 빼앗아 오도록 시켰다. 활을 빼앗는 과정에서 부하는 그만 아들을 죽이게 되었고, 설상가상으로 여신의 활도 바다에 떨어뜨리고 말았다. 여동생은 오빠를 죽인 범인을 찾아 죽였고, 여신에 대한 저주가 풀리면서 오빠는 이 세상으로 되돌아왔다. 그리고 바다에 떨어진 활은 여신에게 돌아와 하늘의 별이 되었다.

이 신화에서 대지에 비를 뿌리는 신이 있다. 그렇게 함으로써 모든 것을 정상적인 상황으로 되돌린다. 바로 바알이다. 페니키아인들은 바알을 다른 신들보다 더 탁월한 신으로 생각했다. 그래서 그를 주신으로 믿었다. 작물과 동물이 잘 자라려면, 다른 어느 신들보다도 바알이 중요하다고 믿었기 때문이다. 그래서 페니키아인들은 바알을 지칭할 때 '전능한 바알The Mighty Baal' 또는 '우리의 높으신 바알Our King is Baal' 등으로 표현하곤 했다.

카르타고에는 '바알의 축복을 받은 자'라는 뜻의 이름을 가진 사람이 있었다. 바로 한니발 바르카Hannibal Barca였다. 그의 아버지는 제 1차 포에니 전쟁에 참전했던 하밀카르 바르카였다. 그는 시칠리아에서 소수의 용병 부대를 이끌고 로마 군대에 저항했다. 기원전 241년까지 시칠리아를 방어하는데 성공했다. 하지만 제 1차 포에니 전쟁에서 로마가 승리하자, 그의 부대는 로마에 항복하지 않은 채 카르타고로 돌아왔다.

제 1차 포에니 전쟁 당시 카르타고 정부는 용병들에게 급여를 제대로 지급하지 못했다. 그 결과, 용병들이 반란을 일으켰다. 이 반란은 3년 이상 지속되었다. 하밀카르는 반란을 성공적으로 진압했고, 시민들로부터 많은 인기를 얻었다.

그러나 당시 카르타고는 상당한 경제적 압박감에 직면했다. 제 1차 포에니 전쟁에서 패배하면서 로마에게 3천 2백 탈렌트라는 배상금을 지불해야만 했기 때문이다. 경제적 위기를 해결하기 위해 하밀카르는 용병들을 모집했다. 이들은 오늘날 알제리 북부 지역에 해당하는 누미디아_{Numidia} 출신이었다. 그리고 히스파니아로 원정을 떠났다. 바로 오늘날 스페인이다.

하밀카르는 뛰어난 군사적 전략으로 히스파니아의 대부분을 정복했다. 그리고 이 지역에 '신新카르타고'라는 도시를 건설했다. 하지만 원정을 완성하지 못하고 사망했다. 그는 히스파니아로 원정을 떠났을 때 아들인 한니발을 데려갔다.

한니발은 아버지에게 자신도 원정에 데려가 달라고 부탁했다. 그러자 하밀카르는 아들을 바알 신전으로 데리고 갔다. 그리고 아들에게 평생을 로마의 적으로 살 자신이 있으면 자신을 따라오라고 말했다. 이에 한니발은 평생을 로마의 적으로 살겠다는 맹세를 하고, 아버지를 따라 히스파니아로 갔다. 당시 그의 나이는 겨우 9살에 불과했다.

한니발이 히스파니아 총사령관이 되었을 때 그는 27살이었다. 하지만 매우 용맹했다. 당시 로마 역사가 티투스 리비우스Titus Livius Patavinus는 그에 대해 다음과 같이 기록했다.

"그의 지휘 하에 병사들은 항상 가장 힘차게 돌격하고, 사기가 충천했다. 무모할 정도로 위험을 감수하기도 했던 한니발은 일단 위험이 닥치면 뛰어난 전략적 능력을 발휘했다. 육체적으로나 정신적으로 지칠 줄 몰랐고, 지독한 더위나 혹심한 추위도 쉽게 견딜 수 있었다. 미각을 만족시키기 위해 먹고 마시지 않았으며, 단지 신체의 활력을 유지할 정도로만 먹고 마셨다......말 위에서든 지상에서든, 전사로서 그를 대적할 사람이 없었다. 공격할 때는 항상 앞장섰으며, 전장을 떠날 때는 가장 마지막에 떠났다. 그의 미덕들은 가히 이 정도였으며, 실로 위대했다."

총사령관이 된 한니발은 로마와의 전쟁을 결심했다. 이를 위해 사군툼Saguntum을 포위했다. 오늘날 스페인 발렌시아Valencia 북쪽에 위치한 사군툼은 당시 로마의 동맹시였다. 로마는 카르타고의 철수를 요청했지만, 한니발은 이를 거절했다. 결국 로마는 카르타고에 선전포고를 했고, 기원전 219년에 다시 카르타고와 로마 사이에 전쟁이 발발했다. 제 2차 포에니 전쟁이다. 역

그림 16. 프란시스코 도밍고 마르케스(Francisco Domingo Marques), 《사군툼의 마지막 날》, 1869년 作. 마르케스는 스페인의 절충주의 화가로서 역사화와 초상화를 주로 그렸다. 1875년에 파리로 이주해 이후 그림은 인상파의 영향을 많이 받았다. 《사군툼의 마지막 날》은 한니발의 사군툼 정복을 그린 것이다. 당시 전쟁에서 승리한 한니발은 사군툼 주민들을 모두 노예로 팔아버렸다.

사학자들은 흔히 '한니발 전쟁'이라고 부르기도 한다.

전쟁이 발발하자 많은 로마인들은 한니발이 지중해를 건너 로마로 침공할 것이라고 예상했다. 카르타고의 장점은 해군력이었기 때문이다. 하지만 한니발의 전략은 이들의 상상을 뛰어넘는 것이었다. 기원전 218년 5월, 한니발은 4만 명의 보병과 8천 명의 기병을 이끌고 피레네 산맥을 넘었다. 피레네 산맥은 스페인과 프랑스의 국경을 이루는 산맥이다. 최고봉인 아네토 산Pico de Aneto의 높이는 약 3천 4백 미터 정도에 달하며, 길이는 430킬로미터 정도이다.

로마인들을 깜짝 놀라게 한 한니발의 전략은 여기에서 끝나지 않았다. 카르타고 군대는 오늘날 프랑스와 벨기에, 그리고 라인 강 서쪽의 독일 일대에 해당하는 갈리아Gallia를 가로질러 이동했다. 그리고 알프스 산맥을 넘어 이탈리아 반도를 침공했다.

알프스 산맥은 스위스, 프랑스, 오스트리아 그리고 이탈리아에 걸쳐 있다. 최고봉인 몽블랑의 높이는 무려 4천 8백 미터에 달하고, 길이는 1천 2백 킬로미터 정도이다. 피레네 산맥과 비교한다면, 약 1.4배 이상 높고, 3배 정도 길다. 이 산맥은 약 5천만 년 전에 유라시아판과 아프리카판의 경계선이 충돌하면서 발생한 습곡산맥이다. 산 위에 빙하가 존재할 정도로 지형이 험준하다. 알프스 산맥을 넘으면서 한니발 군대의 기병은 3/4, 보병은 무려 절반 이상이 감소했다.

한니발이 이끈 군대에는 전투 코끼리도 포함되어 있었다. 사실, 전쟁에서 코끼리를 이용한 것은 한니발이 처음이 아니었다. 알렉산드로스 대왕Alexandros the Great은 활발한 정복 전쟁을 통해 그리스에서부터 이집트, 그리고 인도 북서부 지역까지 지배했다. 그는 기원전 330년에 인도를 정복하고자 했다.

포로스Poros는 오늘날 인도 북부와 파키스탄 중북부에 걸친 펀자브Punjab 지방을 지배하고 있었다. 그는 히다스페스 강 유역에서 알렉산드로스 대왕과 전쟁을 벌였다. 기원전 326년에 발생한 이 전쟁에서 포로스가 활용했던 무기는 바로 코끼리였다. 그는 85마리의 코끼리를 전쟁에 투입했다. 당시 코끼리의 엄청난 크기와 난폭함 때문에 알렉산더 군대는 막대한 피해를 입었다.

가까스로 이 전쟁에서 승리를 거두었지만, 알렉산드로스의 병사들은 크게 사기가 꺾였다. 더욱이 포로스 왕은 엄청난 정보를 제공했다. 인도 동부의 비하르Bihar 주 남쪽에 위치한 마가다 왕국에 6천 여 마리의 코끼리 부대가 있다는 사실이었다. 알렉산드로스의 군대는 그만 전투 의욕을 상실했다. 85마리의 코끼리와 싸우는데도 이렇게 많은 피해를 입었는데, 6천 마리의 코끼리와 싸우는 것은 불가능하다고 생각했기 때문이다. 결국 알렉산드로스 대왕은 인도 정복을 포기할 수밖에 없었다. 바로 코끼리 때문이었다.

인도에서 오랫동안 코끼리는 파괴적인 전쟁 무기였다. 17세기까지 코끼리 부대가 존재했다. 그래서 무굴제국에서는 코끼리 관리가 매우 중요한 업무 중 하나였다. 코끼리의 몸을 보호하는 갑옷을 제작할 정도였다. 당시 코끼리의 갑옷은 10만 개의 쇠고리와 8천 5백의 금속판으로 구성되었다. 그리고 코끼리의 양쪽 상아에 검을 매달아 적을 공격하도록 했다. 화약과 대포가 등장하기 전까지 코끼리는 가장 강력하고 무서운 전투 무기 가운데 하나였다. 한니발은 바로 이 무기를 활용해 로마 군대와 맞섰다.

오늘날 티치노 강은 스위스 남부를 거쳐 이탈리아 북부로 흐른다. 기원전 218년 11월, 이곳에서 카르타고 군대와 로마 군대가 직면했다. 한니발은 알프스 산맥을 넘어 이탈리아 반도로 진입했다. 이 전투는 이탈리아 반도에서 발생한 첫 번째 전투였는데, 카르타고 군대가 승리했다. 당시 한니발은 갈리아의 여러 부족을 카르타고의 편으로 끌어 들였다. 그래서 로마는 갈리아를 포기할 수밖에 없었다.

기원전 216년에는 이탈리아 중부 지역에 위치한 칸나이 평원에서 전투가 벌어졌다. 당시 기록에 따르면, 카르타고의 병력은 약 5만 명 정도였고, 로마 병력은 8만 5천 명 정도였다. 병력 면에서 로마 군대가 훨씬 우월했음에도 불구하고, 로마 군대는 이 전투에서 패배했다. 많은 역사가들은 칸나이 전투에서 로마 군대가 패배했던 원인을 한니발의 전술 때문이라고 평가하고 있다.

칸나이 전투에서 한니발이 사용했던 전술은 바로 '포위섬멸전'이었다. 이는 문자 그대로 소수가 다수를 포위하여 섬멸시키는 것이다. 전술의 목표는 적의 전선을 돌파하고 후방으로 이동하는 것을 차단하는 것이다.

예를 들어, 병력의 수가 적더라도 병력이 충돌하는 지점에서는 수적으로 우위를 점해야 한다. 그래야 적을 섬멸할 수 있다. 포위에 성공해도 적은 죽기 살기로 싸우면서 포위망을 뚫고자 한다. 따라서 전방위를 효과적으로 방어해야만 한다. 만약 방어에 실패한다면, 오히려 역으로 포위당하는 상황이 발생할 수도 있기 때문이다.

한니발은 로마 군대를 격파했지만, 바로 로마로 진격하지 않았다. 로마를 포위하기에는 무기와 병력이 부족했기 때문이다. 뿐만 아니라 로마와 동맹관계를 맺은 도시들로부터 공격을 받을 위험도 있었다. 당시 카르타고는 갈리아로부터 군수품과 병력을 지원받았다. 하지만 로마와 갈리아 사이의 거리가 꽤 멀었기 때문에 이탈리아 중부 지역에서 카르타고를 도와줄 세력이 필요했다.

이 시기의 로마 사령관은 파비우스Quintus Maximus Rullianus Fabius 였다. 원로원은 그를 독재관으로 임명하고, 전쟁의 모든 권한을 임명했다. 그가 세운 전략은 시간을 끌면서 카르타고 군대를 서서히 소모시키는 것이었다. 하지만 이러한 전략은 원로원뿐만 아니라 많은 로마 시민들의 불만을 야기했다.

또 다른 사건을 계기로 로마인들의 불만이 최고조에 달했다. 파비우스는 다른 지역으로 이동한 한니발의 군대를 우연히 포위했다. 한니발은 이 포위망을 빠져나오겠다고 장담했다. 그러자 파비우스는 이를 유인책이라고 생각했다. 그래서 한니발 군대가 통과하는 것을 놓쳐버리고 만 것이다.

가뜩이나 파비우스의 전략이 마음에 들지 않았던 로마 시민들은 파비우스를 신랄하게 비판했다. 한니발이 도망칠 수 있도록 허용했다는 것이다. 결국 새로운 집정관이 선출되었다. 한니발과의 즉각적인 전쟁을 주장했던 사람들이 그를 지지했다. 당시 로마 병력은 8만 명의 보병과 6천 여 명의 기병으로 구성되어 있었다. 새로운 집정관은 이를 5천 명으로 구성된 8개의 군단으로 재편성했다. 이와 같은 군대 개편에 대해 역사가 폴리비오스Polybios는 다음과 같이 서술했다.

> "원로원은 8개 근단을 새로 뽑기로 결정하였고, 이는 로마 역사에서 전례 없던 일이었다. 각 근단은 5천 명으로 구성되었으며, 동맹군 역시 이와 비슷한 규모였다. 여태껏 대부분의 전쟁은 한 명의 집정관이 2개의 근단과 그에 해당하는 동맹군을 지휘하였을 뿐, 4개의 근단이 지휘 받는 일은 없었다. 그러나 한니발이 이탈리아에 있는 상황은 로마 시민들로 하여금 상당히 위기감과 공포심을 불러일으켰으므로 원로원은 4개 근단이 아닌 8개 근단을 한꺼번에 전장에 투입하기로 결정한 것이었다."

폴리비오스의 이와 같은 기록은 당시 로마인들이 한니발에 대해 얼마나 큰 두려움과 공포심을 가지고 있었는지 잘 보여준다.

한니발의 군대는 아프리카와 이베리아, 갈리아, 켈트, 누미디아 용병으로 구성되어 있었다. 이베리아 보병은 철제 가슴 보호대를 착용하고, 후일 로마 군대의 검이 되는 글라디우스를 사용했다. 켈트 보병은 갑옷 대신 방패로 무장했다.

이들은 무기를 사용하는 방식에서도 차이가 있었다. 이베리아 보병이 주로 찌르는 방식을 활용했다면, 켈트 보병은 베는 방식을 사용했다. 한니발은 이 두 부대를 교대로 투입해서 로마 군대를 괴롭혔다. 로마 군대가 이베리아 보병의 찌르는 방식에 익숙해질 때쯤 켈트 보병으로 교체한 것이다.

하지만 한니발 군대의 핵심은 바로 기병이었다. 이베리아 기병은 보병과 마찬가지로 철제 가슴 보호대와 투구를 착용했다. 그리고 창과 코피스를 사용했다. 흔히 '팔카타'로 불리는 코피스는 그리스의 보병들이 사용하던 검으로서 이베리아에서도 널리 사용되었다. 로마인들은 이 검을 '히스파니아 검'이라고 부르기도 했다. 검이지만 원리는 도끼와 유사했다. 무게가 1kg 이상으로 일반 검에 비해 상당히 강력한 무기였다.

갈리아 기병은 사슬갑옷으로 무장했다. 사슬갑옷은 금속 줄로 만든 일련의 사슬고리들로 구성되었다. 이는 다른 갑옷에 비해 상대적으로 가볍고 유연했다. 그래서 검의 공격을 효과적으로 방어할 수 있었다. 하지만 충돌로부터 사람을 완전히 보호하기는 어려웠다. 따라서 많은 사람들은 저항력을 위해 모직물로 만들어진 재킷을 사슬갑옷 속에 입었다.

기록에 따르면, 가장 오래된 사슬갑옷은 기원전 4세기경의 것으로 추정된다. 루마니아의 켈트족 무덤에서 출토되었다. 이후 유럽과 아시아로 확산되기 시작했다. 사슬갑옷이 널리 활용된 것은 13세기 이후였다. 기사의 몸을 보호하기 위해 다른 갑옷들과 결합해서 이용하면서 부터였다.

역사가 리비우스Titus Livius에 따르면, 지중해 세계 최고의 기병은 누미디아 기병이었다. 이들의 뛰어난 능력은 단지 기마술과 투창력 뿐만이 아니었다. 창을 던진 후 다시 글라디우스 검으로 돌격전을 벌이는 것이 바로 이들의 특징이었다. 다시 말해, 창과 칼을 모두 사용할 수 있는 병사들이다. 비록 로마 군대가 카르타고 군대와 비교했을 때 거의 2배 이상 많았지만, 기병에 있어서는 카르타고 군대가 로마 군대보다 훨씬 우월했다.

로마 사령관들은 카르타고 군대의 중심을 뚫는 작전을 세웠다. 기원전 218년 12월에 벌어진 트레비아 전투에서 로마 군대가 한니발 군대의 중앙을 뚫고 달아난 경험이 있기 때문이었다. 이들은 카르타고 군대의 약점이 중앙이라고 생각했다.

그래서 오른편에 1천 6백 명의 기병을 배치하고, 왼편에는 4천 8백 명의 기병을 배치했다. 그리고 각각의 지휘관들이 한니발의 기병 부대를 저지하도록 했다. 이들은 레기온보다는 밀집형 방진이 더욱 효과적이라고 판단했다. 바로 아우피디우스 강이라는 지리적 조건 때문이었다.

그러나 한니발은 이와 같은 로마 군대의 전략을 속속들이 꿰뚫고 있었다. 칸나이 전투에서 한니발이 시도했던 대형은 바로 초승달 대형이다. 초승달 대형은 앞쪽으로 볼록하게 튀어 나와 있다. 그래서 적의 공격에도 뒤로 물러날 공간을 충분히 확보할

명화로 읽는 전쟁의 세계사

수 있었다. 그리고 반대로 초승달이 뒤쪽으로 볼록하게 튀어나오면, 로마 군대와 접하는 면적이 넓어진다. 그래서 오히려 로마 군대를 과다 밀집 상태로 빠뜨릴 수 있었다.

칸나이 전투가 시작된 지 얼마 되지 않아 오른편에 배치된 로마군 기병은 카르타고 군대에 의해 점멸되었다. 처음에 일직선으로 형성된 카르타고 군대의 진형은 점점 초승달 형태로 변화했다. 그런데 갑자기 강한 바람이 불었고, 모래가 시야를 가렸다. 그래서 로마 군대와 카르타고 군대는 서로를 구별하기 어려웠다.

당시 한니발은 로마 군대보다 3주 전에 칸나이에 도착했다. 그래서 이 지역의 기후에 카르타고 군대가 적응할 수 있도록 했다. 또한 카르타고 군대를 강의 동쪽에 배치했다. 그 결과, 아침에 전쟁을 하게 되면, 카르타고 군대는 태양을 등지고 전쟁을 했다. 하지만 로마 군대는 태양을 마주보고 전쟁을 해야만 했다. 더욱이 카르타고 군대는 로마 군대의 수로 공급을 방해해 그들의 전투력을 상실시켰다.

전쟁이 시작되자 로마 군대의 보병은 카르타고 군대를 향해 밀어붙였다. 카르타고의 군대는 맞서 싸우기보다는 최대한 방어하면서 조금씩 물러났다. 대신 정예 보병들이 앞으로 전진하면서 로마군을 공격하기 시작했다. 이에 당황한 로마 군대는 전진을 멈추었고, 대형은 점차 밀집되기 시작했다. 그 주변을 카르타고 기병이 둘러쌌다. 그러자 카르타고 군대를 쫓던 로마 군대가 오히려 에워싸인 꼴이 되었다. 대부분의 로마 병사들은 포위당한 상태에서 처참한 죽음을 맞이했다.

한 역사학자에 따르면, 칸나이 전투에서 사망한 로마 병사의 수는 1분당 약 6백 명 정도라고 한다. 1초당 10명씩 사망한 셈이다. 많은 역사학자들은 이를 두고 전투가 아니라 일방적인 학살이었다고 주장한다.

리비우스의 기록에 따르면, 칸나이 전투에서 사망한 로마 보병은 4만 7천 명, 기병은 3천 명이었다. 포로는 약 2만 명에 달했다. 반면, 카르타고의 병력 상실은 약 8천 명 정도였다. 로마 군대의 병력 손실이 무려 8배 이상 많았다. 당시 로마가 동원할 수 있는 전체 병력은 대략 30만 명 정도였다. 그런데 1/4에 해당하는 병력이 단 한 번의 전투로 상실된 것이다.

한니발은 칸나이 전투에서 크게 승리했다. 하지만 히스파니아의 카르타고 식민지는 로마와의 전쟁에서 고전을 면치 못했다. 시라쿠사와 이탈리아 남서부에 위치한 캄파니아Campania는 카르타고와의 동맹을 약속했다. 그러나 로마에 점령당했다. 결국 한니발은 고립되었다.

기원전 209년에 히스파니아의 신카르타고를 함락시킨 로마 장군은 푸블리우스 코르넬리우스 스키피오Publius Cornelius Scipio였다. 당시 로마와 카르타고 사이에서는 강화를 위한 교섭이 진

명화로 읽는 전쟁의 세계사

행 중이었다. 하지만 결렬되었다. 전쟁이 오랫동안 지속되면서 상황은 로마에게 더욱 유리해졌다.

기원전 202년에 스키피오는 아프리카로 이동해 카르타고를 공격했다. 로마는 한니발 군대의 강점 가운데 한 가지가 누미디아 기병이라는 점을 알고 있었다. 그래서 마침 발생한 누미디아의 권력 투쟁에 개입했다. 그 결과, 누미디아인들은 로마 용병이 되었다. 이제 한니발에게 남은 것은 코끼리 부대뿐이었다. 80마리의 코끼리가 로마 군대를 향해 돌진했지만, 로마 군대는 직진하는 코끼리를 피해 옆으로 이동했다. 결국 한니발의 작전은 실패하고 말았다.

후퇴하던 카르타고 군대의 정예 부대가 투입되었다. 당시 그의 병력은 약 1만 5천 명 정도였다. 이 때 누미디아 기병이 카르타고 배후를 기습했다. 정면의 로마 군대만 대적하고 있던 한니발의 군대는 붕괴할 수밖에 없었다. 당시 카르타고 전사자는 대략 2만 명에 달했다. 사실상 모든 병력이 바닥난 상태였다. 카르타고는 항복할 수밖에 없었다. 자마 전투에서의 승리를 계기로 제2차 포에니 전쟁도 로마의 승리로 끝났다.

4. 소小 스키피오와 사라진 도시, 카르타고

"이윽고 언젠가는 성스러운 일리오스[트로이]가 멸망하는 날

이 이르리라."

이는 <일리아드_{Illiad}> 제6권 446행에서 해당하는 트로이 왕자 헥토르_{Hector}의 말이다.

<일리아드>는 트로이의 별명인 '일리오스_{Ilios} 이야기'라는 의미이다. 10년간에 걸쳐 그리스 군대가 트로이를 공격했던 트로이 전쟁의 마지막 해에 일어난 사건을 서술했다. 그리스 시인 호메로스_{Homeros}의 서사시로서 총 24권, 1만 5,693행으로 구성되어 있다.

그리스 신화에 따르면, 트로이 전쟁은 이른바 사랑의 전쟁이다. 스파르타 왕 메넬라오스_{Menelaus}의 왕비이자 세상에서 가장 아름다운 여인인 헬레네_{Helene}를 트로이 왕자 파리스_{Paris}가 유혹해서 데려갔기 때문이다. 헤라_{Hera}, 아테나_{Athena}, 아프로디테_{Aphrodite} 사이에서 발생한 황금사과의 쟁탈전은 너무나 유명한 이야기이다. 메넬라오스는 실추된 그리스인의 명예를 되찾기 위한 전쟁을 촉구했다. 그래서 미케네 왕 아가멤논_{Agamemnon}을 총사령관으로 하는 연합군이 1천 여 척의 선박을 이끌고 트로이 원정에 나섰다.

하지만 트로이 성은 쉽게 함락되지 않았다. 아폴로_{Apollo}는 그리스 군대에 역병이 돌게 했다. 자신을 섬기는 사제의 딸을 아가멤논이 잡아갔기 때문이다. 이를 수습하는 과정에서 아가멤

그림 17. 엔리케 시모네트(Enrique Simonet), 《파리스의 판결》, 1904년 作. 스페인 화가 시모네트는 원래 종교에 뜻을 두었지만, 그림을 그리기 위해 이를 포기했다. 조경과 풍경에 관련된 그림을 많이 그렸다. 《파리스의 판결》은 흔히 그리스 신화에서 트로이 전쟁의 발발 원인이 된 파리스 왕자가 황금사과를 아프로디테와 헤라, 아테네 세 여신 중 누구에게 줄 것인지 고민하는 장면을 그린 것이다.

논에게 모욕당한 그리스 최고의 영웅 아킬레우스Achilles는 전쟁에서 그만 물러나고 말았다. 아킬레우스의 어머니인 바다의 여신 테티스Thetis의 요청으로 제우스는 신들이 그리스 군대와 트로이 군대를 원조하지 못하도록 했다. 그래서 그리스 군대는 계속 패배하고 말았다.

아킬레우스의 친구 파트로클로스Patroclus는 그의 투구와 전차를 빌려서 출전했다. 하지만 헥토르에 의해 죽임을 당했다. 그러자 아킬레우스는 친구의 복수를 위해 전쟁에 참전하고, 헥토르를 살해한다. 그리고 헥토르의 아버지 프리아모스Priamos는 신들의 도움으로 아킬레우스의 막사를 찾아가 헥토르의 시체를 받아서 돌아오는 것으로 작품은 끝난다.

푸블리우스 스키피오 아이밀리아누스Publius Cornelius Scipio Aemilianus Africanus Numantinus는 멸망하는 카르타고를 보면서 헥토르가 트로이의 멸망을 예견했던 일리아드의 구절을 읊었다. 그러면서 '언젠가 로마 역시 카르타고처럼 멸망하게 될 것이다'라고 했다고 전해진다. 그는 제3차 포에니 전쟁에서 승리함으로써 지도에서 카르타고를 완전히 없앤 로마 장군이다.

제2차 포에니 전쟁에서 패배한 카르타고는 로마와 강화조약을 체결했다. 이 조약에 따라 카르타고는 해군을 해체하고, 모든 해외 식민지를 로마에 양도했다. 그리고 로마의 허락 없이는 어떠한 전쟁도 일으키거나 개입할 수 없었다. 사실상 로마의 속국으로 전락한 것과 마찬가지였다. 당시 로마는 이탈리아 반도를 넘어 이베리아 반도와 그리스, 그리고 헬레니즘 제국이 지배했던 영토까지 정복했다. 그러면서 지중해 영역에 막대한 군사력을 과시하고 있었다. 따라서 군사적으로 몰락한 카르타고는 로마에 별다른 위협이 되지 않았다.

하지만 많은 로마인들은 여전히 카르타고를 위험한 지역으로 간주했다. 제1, 2차 포에니 전쟁에서 카르타고 때문에 워낙 고생했기 때문이다. 무엇보다도 이들이 견제한 것은 카르타고의 경제력이었다.

카르타고는 상업이 발달한 지역이다. 지중해 연안과 아프리카, 그리고 아시아의 일부 지역들을 연결하면서 중계무역을 담당했던 페니키아의 식민지였기 때문이다. 더욱이 아프리카 북부 지역의 따뜻한 기후와 풍부한 강수량 덕분에 농업 생산력도 높았다.

로마인들은 카르타고인들의 막대한 부를 자신들의 것으로 만들고자 했다. 한때 카르타고는 지나치게 강력해서 감히 전쟁을 벌인다는 생각조차 하기 어려웠다. 하지만 이제는 자신들의 부를 스스로 지킬 수 있는 힘조차 없는 국가로 전락해버렸다. 일부 학자들은 로마인들은 단순히 카르타고의 부뿐만 아니라 이들이 다시 강대국으로 부상하는 것 그 자체를 두려워했다고 주장하기도 한다.

누미디아는 원래 카르타고의 동맹국이었다가 로마의 동맹국이 되었다. 이들은 자신들의 영토를 확대시키기 위해 카르타고를 침략하기 시작했다. 하지만 제2차 포에니 전쟁으로 체결한 강화조약에 따라 카르타고는 로마의 허락 없이 전쟁을 할 수 없었다. 그래서 카르타고는 로마에 군사 행동을 요청했다.

로마는 이를 허락하지 않았다. 누미디아에 우호적이고, 카르타고에 적대적이었기 때문이다. 결국 카르타고는 로마와의 강화조약을 무시하고, 용병을 모집해서 누미디아와 전쟁을 벌였

그림 18. 에드워드 포인터(Edward Poynter), 《카르타고 공성전》, 1868년 作. 포인터는 왕립아카데미 회장을 역임했던 영국 화가이다. 역사화를 주로 그렸는데, 《카르타고 공성전》은 제 3차 포에니 전쟁 당시 로마 군대가 카르타고를 포위하는 동안 작동시켰던 공성 엔진을 그린 그림이다.

다. 그러나 패배했다. 이에 로마는 카르타고에 강화조약 위반으로 전쟁을 선포했다.

카르타고에서는 사절단을 파견해 사과했다. 이에 로마는 카르타고에 있는 모든 무기를 몰수하고, 매년 200탈란트를 50년간 물어야 하는 전쟁 배상금 이외에 새로운 배상금을 부과하겠다고 압박을 가했다. 또한 수도를 파괴하고, 모든 주민들을 해안에서 15킬로미터 떨어진 곳으로 이주시키라고 요구했다. 이와 같은 로마의 지나친 요구에 카르타고인들은 전쟁을 하기로 결정했다. 제 3차 포에니 전쟁이 시작된 것이다.

사실, 전쟁을 시작하기 전에 이미 승패는 결정된 것이었다. 하지만 카르타고인들은 스스로 도시를 파괴하고 굴욕감을 가지느니 차라리 로마인과 싸우다가 죽는 것을 선택했다. 로마인들의 예상을 깨고 이 전쟁은 무려 3년 동안 지속되었다. 완전히 고립된 상태에서 스스로 무기를 만들면서 당시 지중해 최고의 군대를 자랑하는 로마를 상대로 이렇게 버텨낼 수 있다는 것은 로마인들에게 엄청난 충격이었다.

제 3차 포에니 전쟁이 장기화되면서 엄청난 인력과 물자가 소비되었다. 이는 로마인들에게 심각한 재정적, 정신적 손실을 야기했다. 뿐만 아니라 자신들이 자랑하는 공화주의적 전통을 깨버렸다. '한 번 집정관에 임명되면 10년간은 다시 집정관에 임명될 수 없다'는 당시의 규칙을 무시하고 히스파니아 정복에서 큰 공을 세운 스키피오 아이밀리아누스를 다시 집정관을 선출했다.

전쟁을 시작한 지 3년이 지나서야 비로소 성벽을 파괴했다. 로마 군대가 도시로 진입하자 많은 사람들은 저항하면서 싸우거나 자살했다. 25만 명 정도였던 인구는 5만 명이 채 되지 않았다.

후일 제정 로마 시대에 카르타고는 인구 50만 명의 대도시로 발전했다. 당시 인구 25만 명 이상을 수용할 수 있는 도시는 그리 많지 않았다. 더욱이 카르타고는 풍부한 밀 생산지를 가지고 있어 곡물 공급과 교역에서 중요한 거점 도시였다. 이와 같은 사실을 토대로 생각해본다면, 당시 카르타고가 지니는 농업적, 상업적 입지 조건이 얼마나 좋았는지 충분히 짐작할 수 있다. 그럼에도 불구하고, 로마 군대는 17일 동안 도시를 완전히 불태워버렸다. 오늘날 카르타고의 역사가 많이 알려지지 않은 이유이다.

제 3차 포에니 전쟁이 끝나고 카르타고는 지도에서 사라져버렸다. 그리고 오랫동안 로마인들의 관심 대상 밖이었다. 1백 여 년이 지나 로마 초대 황제인 아우구스투스Augustus 시대에 와서야 비로소 재건되기 시작했다. 새로 재건된 카르타고는 로마 제정 시대에 아프리카 속주의 중심 도시로 부를 축적했다.

429년에 다뉴브 강 중하류와 이베리아 반도를 전전하던 반달족은 북아프리카로 이동했다. 그리고 이곳에 왕국을 세웠다. 그러면서 로마 제국은 부유한 세입원 가운데 하나를 상실하게 되었다. 카르타고는 여전히 경제적으로 번성했다. 동로마 제국의 헤라클리오스Flavius Heraclius Augustus 황제도 경제적으로 부유한 카르타고로 수도를 이전하고자 했다. 비록 포에니 전쟁으로 처절하게 파괴되었지만, 이 도시가 인류 역사 속에서 얼마나 중요한 역할을 담당했는지 쉽게 알 수 있다.

III

탈라스 전투

탈라스 전투
Battle of Talas

=== 1. 넝마주이, 새로운 직업 ===

《살롱전Salon》은 파리 미술원Académie des Beaux-Arts의 공식적인 전시회이다. 1667년부터 개최되었다. 원래는 재상 쥘 마자랭Jules Mazarin이 설립한 미술원 졸업생의 작품 전시회로 시작되었다. 마자랭은 부르봉 왕조의 절대주의를 확립하는데 크게 공헌했다. 대외적으로는 독일의 분열상태를 유지시켰고, 스페인과의 전쟁을 유리하게 이끌었다. 그리고 대내적으로는 문화정책에 많은 관심을 가져 왕립미술학교와 도서관을 설립했다.

<살롱전>에서는 가능한 한 많은 공간에 그림을 전시했다. 그래서 바닥과 천장에도 그림을 전시했다. 당시 전시회에는 출품된 그림을 설명하는 사람들도 등장했다. 이는 현대 미술 평론가의 기원으로 알려져 있다.

프랑스 혁명 이후에는 외국 예술가들에게도 공간을 제공했다. 새로운 그림과 조각을 전시하면서,《살롱전》의 영향력이 더욱 확대되었다. 이를 통해《살롱전》은 비평가와 대중에게 새로운 예술을 소개하고, 이를 널리 알리는 역할을 담당했다.

1850년에 파리에서 열린《살롱전》에 그림이 한 점 전시되었다. 그런데 이 그림을 본 관객들과 비평가들은 충격을 금하지 못했다. 캔버스의 가로 길이가 3미터가 넘는 거대한 크기 때문

그림 19. 귀스타브 쿠르베(Gustave Courbet),《오르낭의 매장》, 1849-50년 作. 쿠르베는 1850년에 개최된《살롱전》에 농촌의 비참한 현실을 이상화시키지 않고, 오히려 적나라하게 묘사함으로써 사실주의 미술을 도입했다. 그는 현실을 있는 그대로 직시하고 묘사할 것을 강조했다. 그래서 일상생활을 세밀하게 관찰해야 한다고 주장했다.《오르낭의 매장》은 이색적이라는 평가를 받았지만, 프랑스 화단의 평론을 양분화시켰다. 뿐만 아니라 지나치게 실제적으로 묘사했기 때문에 오히려 불경스럽다는 비난을 받기도 했다.

이었다. 더욱이 캔버스의 중앙에는 구덩이가 파져 있고, 주변으로 촌스러운 시골 사람들이 늘어서 있었다.

먼 친척의 장례식을 모티브로 삼아 그린 이 그림에서 가족과 친척, 그리고 친구들의 모습은 과거의 그림들과 전혀 달랐다. 보편적이고 절대적인 미를 추구하는 고전주의나 감각을 통해 인간성의 진실을 찾고자 했던 낭만주의와 달리 세련미를 전혀 찾아볼 수 없었던 것이다. 하지만 아주 정확하게 그려졌기 때문에 그 마을에 사는 사람들이라면 그림 속의 주인공들이 누구인지 금방 알아차릴 수 있었다.

구체적이고 현실적인 사건을 기록하듯 그렸던 이 그림은 바로 프랑스 화가 귀스타브 쿠르베Gustave Courbet의 《오르낭의 매장》이다. 지금까지 그림의 주인공은 왕이나 귀족, 영웅이었다. 하지만 쿠르베의 그림에서는 일상생활 속에서 쉽게 만날 수 있는 평범한 사람들이 주인공으로 등장했다. 아카데미를 비롯해 프랑스 미술계는 권위와 품위를 무시한 그의 그림에 거침없는 혹평을 쏟아냈다.

1855년에 파리에서 열린 제 3회 만국박람회에 그는 《오르낭의 매장》과 《화가의 아틀리에》라는 작품을 출품했다. 당시 전시회 책임자는 그에게 그림의 초안을 보여 달라고 요구했다. 쿠르베는 자신의 그림을 검열할 자격은 자신에게만 있다면서 이를 거부했다. 결국 그의 그림은 만국박람회 전시에서 거절당했다.

이에 쿠르베는 만국 박람회장 바로 앞에 가건물을 지었다. 물론 사비를 들여서였다. 그리고 그곳에 자신의 그림을 전시했다. 그는 전시회의 제목을 '리얼리즘전'이라고 붙이면서 다음과 같은 선언문을 배포했다.

"내가 살고 있는 시대의 풍속과 관념, 사회상은 오직 나 자신의 평가와 판단에 의해 표현한다."

그림 20. 귀스타브 쿠르베(Gustave Courbet), 《화가의 아틀리에》, 1855년 作. 《화가의 아틀리에》는 크기가 너무 크다는 이유로 1855년에 열린 제 1회 파리 만국박람회에 출품되지 못했다. 이 그림에서 쿠르베는 자신이 받은 영감을 모두 표현하려 했다. 그림 한 가운데에는 화가 자신이 그려져 있고, 누드모델과 어린아이, 소설가, 시인, 저널리스트, 상인, 목사 등 다양한 인물들이 등장한다. 당시 그는 소설가 줄 샹플뢰리(Jules Champfleury)에게 보낸 편지에서 왼쪽에 있는 사람들은 "죽음을 먹고 사는 사람들"이고, 오른쪽에 있는 사람들은 "생명을 먹고 사는 사람들"이라고 설명했다. 자신이 살고 있는 세계와 주변 세계를 대조하기 위해 중심부는 밝은 빛으로, 그리고 주변부는 어두운 빛으로 채색했다.

이것이 바로 리얼리즘, 즉 사실주의의 시작이다.

사실주의의 영향을 받아 노동자의 모습을 주로 그렸던 또 다른 화가가 있다. 원래 배우였지만, 후일 화가가 되었다. 바로 장 프랑수아 라파엘리Jean François Raffaëlli이다. 그는 주로 단색으로 그림을 그렸다. 파리에서 남서쪽으로 약 400킬로미터 정도 떨어진 낭트Nantes에 위치한 낭트 미술관에는 라파엘리의 그림 한 점이 소장되어 있다.《파이프에 불을 붙이는 넝마주이》이다.

황량한 분위기의 그림 중앙에는 덧댄 옷을 입은 초라한 남성이 서 있다. 그는 파이프에 불을 붙이고 있다. 그 옆에는 큰 자루가 하나 있다. 이 자루로 미루어 보아 그의 직업이 넝마주이라는 것을 짐작할 수 있다.

라파엘리는 주변 환경을 면밀하고 주의 깊게 관찰했다. 그래서 전혀 아름답지 않은 현실을 그림의 소재로 사용했다. 파리 교외에서 쉽게 볼 수 있는 농민이나 노동자, 넝마주이는 라파엘리와 같은 사실주의 화가들에게 적합한 소재였다. 특히 넝마주이는 그에게 좋은 소재였다. 그는 넝마주이를 통해 현대사회에서 고립된 개인을 표현하고자 했다.

넝마주이란 헌 옷이나 종이, 폐품 등을 주워 모으는 일을 하는 사람이다. 우리나라에서는 넝마주이를 '양아치'라고 부르기도 했다. 이들은 일제 강점기에 등장한 것으로 추정된다. 당시 넝마주이들은 망태기와 집게로 폐품을 수집하고, 이를 판매했

그림 21. 장 프랑수아 라파엘리(Jean François Raffaëlli), 《파이프에 불을 붙이는 넝마주이》, 1900년 作. 라파엘리는 프랑스 사실주의 화가이자 판화가이다. 젊은 시절에는 배우였으나, 그림 그리는 것을 좋아하여 화가가 되었다. 파리 교외에서 쉽게 볼 수 있는 대중이나 변두리 풍경을 주로 그렸고, 마치 데생하는 듯한 그림을 많이 그렸다. 부드러운 선과 색조가 매력적이다. 《파이프에 불을 붙이는 넝마주이》 역시 당시 주변에서 쉽게 볼 수 있는 넝마주이의 모습을 그린 것이다.

다. 일부 넝마주이는 조직을 구성하고, 체계적으로 폐품을 수집해서 상당한 수입을 창출했다.

1960년 이후부터 정부는 넝마주이 등록제를 시행했다. 이들을 감시하고 관리하기 위해서였다. 이제 지정된 복장과 명찰을 착용할 경우에만 넝마주이 활동을 할 수 있었다. 그래서 등록되지 않은 넝마주이는 폐품을 수집할 수 없었다. 혹시라도 적발되면 처벌을 받았다.

당시 넝마주이는 대부분 가난한 사람들이었다. 따라서 많은 넝마주이들은 다리 밑이나 빈민가에 모여 살았다. 그리고 초라한 옷차림으로 돌아다녔다. 그래서 오랫동안 이들은 사회적으로 기피 대상이었다.

1980년대부터는 도시 정책에 따라 넝마주이들을 여러 지역으로 분산 이주시켰다. 그리고 사회적 차별을 극복하기 위해 공동체를 조직해서 활동하도록 했다. 1990년대 이후 쓰레기 산업이 발전하면서 자연스럽게 넝마주이는 사라졌다. 하지만 오늘날 주변에서 볼 수 있는 폐지를 줍는 가난한 노인들은 어떻게 보면 넝마주이의 변형이라 볼 수 있다.

넝마주이의 역사적 기원은 이보다 좀 더 거슬러 올라간다. 19세기 말에 산업화가 시작되면서 다양한 종류의 쓰레기가 배출되었다. 그러자 넝마주이는 보다 체계적으로 조직화되기 시작했다. 전문가들에 따르면, 19세기 말에 프랑스의 넝마주이는 약 10만 명 정도였다. 이들은 조합을 형성했는데, 여기에는 4가지 계급이 존재했다. 바로 라마쇠르와 쿠쾨르, 플라시에, 그리고 십장이다.

라마쇠르는 정해진 구역 없이 여기저기 돌아다닌다. 이들은 도로에 버려진 쓰레기를 뒤져 자루를 채웠다. 쿠쾨르는 라마쇠르보다 장비를 갖춘 사람들이었다. 이들은 소쿠리나 갈고리, 야간작업을 위한 초롱불 등을 구비하고 있었다.

플라시에는 자신만의 수집 구역이 있었다. 그래서 그 구역에서 발생하는 쓰레기에 대한 선점권을 가지고 있었다. 최고 계급인 십장은 쓰레기를 보관하는 창고를 보유하고 있었다. 일꾼들을 시켜 쓰레기나 고물을 분류하고, 이를 전문 도매상에게 판매했다. 통계에 따르면, 20세기 초 파리에는 이와 같은 십장이 60명 정도 있었다.

유럽에서 넝마주이가 존재했던 것은 13세기경부터로 추정된다. 당시 이들이 주로 수거했던 것은 헌 옷이나 천 조각이었다. 이렇게 수집한 넝마가 보내진 곳은 특이하게도 물레방아 근처의 제지소였다. 이 시기에 유럽에서는 면섬유를 이용해 종이를 만들었기 때문이다. 그렇다면 유럽에서는 종이를 언제부터 사용하기 시작했을까.

2. '알 안달루스'와 이슬람 문화

유럽 최초의 제지공장이 설립된 곳은 스페인이었다. 대략 1150년경이다. 스페인은 8세기 초부터 이슬람의 지배를 받았다. 당시 이슬람을 통치했던 것은 우마이야 제국이었다. 이 제국은 아라비아 반도뿐만 아니라 중앙아시아와 북아프리카까지 지배했다.

스페인을 정복한 이들은 이 지역을 '알 안달루스Al-Andalus'라고 불렀다. '반달족의 땅'이라는 의미이다. 게르만족에 속했던 반달족은 5세기 초에 원래 살고 있던 폴란드 지역에서 서쪽으로 이동하면서 스페인에 정착했다.

이후 1492년까지 스페인은 이슬람 제국의 지배를 받았다. 스페인 남부에 위치한 코르도바Cordoba는 알 안달루스의 중심지로 부상했다. 그러면서 이 지역에 이슬람 문화와 기술이 확산되는 데 중요한 역할을 담당했다. 특히 이슬람의 관개 기술이 도입되면서 스페인에서는 오렌지를 재배하기 시작했고, 인구도 급속하게 증가했다.

이 시기에 스페인에서는 이슬람 건축 양식이 발달했다. 대표적인 것이 메스키타 사원이다. 당시 코르도바를 지배했던 지배자 아브드 알라흐만Abd al-Rahman은 바그다드의 이슬람 사원처럼 크고 웅장한 사원을 건축하고자 했다. 메스키타 사원은 무려 2

명화로 읽는 전쟁의 세계사

만 5천 명의 신도를 한꺼번에 수용할 수 있는데, 이슬람 제국에서 두 번째로 큰 사원이었다.

스페인이 이슬람으로부터 독립한 이후 수많은 이슬람 사원들이 사라졌다. 하지만 메스키타 사원은 그대로 남아 있었다. 이후에도 이슬람 사원의 모습을 그대로 유지한 채 그곳에서 예

그림 22. 마누엘 고메스-모레노 곤잘레스(Manuel Gómez-Moreno González), 《보아브딜 가문의 알람브라 탈출》, 1880년 作. 곤잘레스는 스페인 화가이자 아마추어 고고학자이다. 그는 스페인, 특히 그라나다의 역사와 관련된 여러 장의 그림을 그렸다. 곤잘레스는 고고학 유물을 발견하기도 했는데, 이러한 그의 업적은 후일 그라나다 고고학 박물관 설립에도 많은 영향을 미쳤다. 《보아브딜 가문의 알람브라 탈출》 역시 그라나다 역사와 관련되어 있다. 보아브딜은 무함마드 12세(Muhammad XII)를 지칭하는데, 그는 스페인을 지배했던 그라나다 왕국 최후의 왕이었다. 1492년에 스페인이 이슬람 제국으로부터 독립하자 비통한 표정으로 알람브라 왕국을 떠나는 이들의 모습을 생동감 있게 묘사했다.

배를 드렸다. 하지만 16세기 초에 카를 5세Charles V가 사원 중앙에 무리하게 예배당을 건축하면서 한 공간에 가톨릭과 이슬람교가 공존하게 되었다.

메스키타 사원 이외에도 스페인에 남아 있는 이슬람 건축으로는 알람브라 궁전을 들 수 있다. 알람브라 궁전에서는 스페인 남부에 위치한 그라나다Granada를 한 눈에 내려다볼 수 있다. 13세기 말에 마지막 이슬람 지배자였던 알 갈리브Al Ghalib가 건축했다. 붉은 흙벽돌로 건축되어서 '붉은 성'이라는 의미를 가지고 있다.

알람브라 궁전에는 여름 별궁인 헤네랄리페가 있다. 여기에는 문자나 식물, 기하학적 모티프로 구성된 아라베스크 문양이 가득한 나사리 궁전과 아름다운 정원과 분수가 있다. 이는 13세기 이슬람 건축 양식을 잘 보여준다. 스페인 기타 연주자이자 작곡자 프란치스코 타레가Francisco Tarrega는 떨리는 음을 되풀이해서 들려주는 기법인 트레몰로를 이용해 '알람브라 궁전의 추억'이라는 곡을 발표하기도 했다.

스페인을 지배했던 이슬람 제국은 가톨릭 신자들을 강제로 이슬람교로 개종시키지 않았다. 다만, 이슬람교를 믿지 않는 사람들에게 무거운 세금을 부과했을 뿐이다. 그래서 당시 유럽 전역에 흩어져 살던 유대인들은 신앙의 자유를 찾아 스페인으로 몰려들었다. 그 결과, 스페인에서는 가톨릭 문화뿐만 아니라 이

명화로 읽는 전쟁의 세계사

슬람 문화와 유대교 문화가 복합적으로 얽히게 되었다.

코르도바 북쪽에는 '유대리아'라 불리는 유대인 거리가 있다. 이 거리에는 더위를 피하기 위해 흰 색으로 칠한 건물들이 즐비해 있다. 그리고 '만남의 장소'라는 의미를 지닌 유대교 성전인 시나고그가 있다. 유대왕국이 멸망한 후 수많은 유대인들이 신바빌로니아 왕국으로 끌려가면서 예루살렘Jerusalem은 완전히 파괴되었다. 이후 시나고그는 예루살렘의 성전을 대신해 기도하는 장소로 부상했다. 사실, 시나고그는 단순한 예배 공간을 넘어 유대인들의 다양한 집회와 교육, 그리고 정치의 중심지이다.

이슬람 제국이 스페인을 침략했을 때 스페인 귀족들은 다른 지역으로 피신했다. 이들이 이주한 곳은 스페인 북부에 위치한 칸타브리아Cantabria와 동쪽에 위치한 피레네 산맥이었다. 이 곳에서 스페인 귀족들은 지속적으로 국토 회복운동을 수행했다. 서쪽 지역에서는 북서부에 위치한 레온León을 중심으로 레온 왕국과 카스티야 왕국이 설립되었다. 그리고 동쪽 지역에서는 나바라 왕국과 아라곤 왕국이 독립했다.

11세기부터 13세기까지 유럽은 십자군 전쟁을 수행했다. 십자군 전쟁은 이슬람교로부터 예루살렘과 팔레스티나Palestina를 되찾기 위해 서유럽의 가톨릭 신자들이 벌인 전쟁이다. 총 8차례에 걸쳐 발생했다. 지금까지 많은 역사학자들은 이 전쟁을 기독교와 이슬람교 사이의 종교전쟁으로 설명해왔다. 하지만 십자군

그림 23. 프란체스코 하예즈(Francesco Hayez), 《예루살렘 근처, 갈증난 십자군》, 1836-50년 作. 19세기 이탈리아 화가 하예즈는 단순하고 명료한 방식으로 그림을 그렸다. 특히 아주 세밀하게 인물을 묘사하고, 이를 통해 감정의 변화를 표현했다. 《예루살렘 근처, 갈증난 십자군》에서는 제1차 십자군 전쟁 당시, 예루살렘 근처에서 '종교의 자유'라는 대의를 위해서가 아니라 자신들의 탐욕에 목말라 있는 십자군을 묘사했다. 많은 학자들에 따르면, 하예즈의 화풍은 신고전주의에서 낭만주의로 이행하는데 중요한 역할을 담당했다.

전쟁은 새로운 영토를 얻으려는 영주와 기사들의 열망이 반영되어 있었다. 뿐만 아니라 아시아의 상품들을 통해 부를 축적하려는 상인들의 이해관계와 엄격한 봉건제도로부터 벗어나려는 농민들의 열망도 복합적으로 작용했던 전쟁이라 할 수 있다.

당시 이슬람 제국의 지배를 받고 있던 스페인은 십자군 전쟁 참여가 면제되었다. 그런데 수많은 사람들이 십자군 전쟁의 승리를 위해 스페인으로 몰려들었다. 이들이 몰려든 곳은 바로 산티아고 순례길이었다. 산티아고 순례길은 예수의 12명 제자 가운데 한 사람인 야곱Jacob의 무덤이 있는 스페인 북서부에 위치한 산티아고 데 콤포스텔라Santiago de Compostela로 향하는 길이다. 약 800킬로미터에 달한다.

이 시기의 유럽에는 주요 가톨릭 순례지가 있었다. 예루살렘과 로마였다. 레온 왕국은 산티아고 데 콤포스텔라를 새로운 순례지로 만들고자 했다. 당시 가톨릭이 이슬람 제국의 지배와 이단설로 위기에 직면했기 때문이다. 톨레도 주교 엘리판두스Elipandus는 그리스도가 하느님의 양자라고 주장하면서 종교 논쟁을 벌이고 있었다. 이러한 문제를 해결하기 위해서는 가톨릭을 중심으로 왕권을 강화시켜야만 했다.

이들이 활용한 것은 바로 야곱이었다. 야곱이 스페인에 가톨릭을 전파하고, 예루살렘에서 순교한 후 그의 시신을 스페인으로 가져와 장례를 치렀다는 소문을 적극적으로 이용했다. 이와 같은 소문은 스페인뿐만 아니라 피레네 산맥 너머까지 확산되었다. 그러자 수많은 사람들이 십자군 전쟁의 승리를 기원하기 위해 산티아고 순례길을 방문했다.

8세기 초부터 시작된 국토회복 운동은 15세기 말이 되어서야 비로소 끝났다. 15세기 중반에 카스티야 왕국 여왕 이사벨라Isabella와 아라곤 왕 페르난도Ferdinand의 결혼으로 스페인은 하나의 왕국으로 통일되었다. 그리고 정치적 통일뿐만 아니라 종교적 통합을 시도했다.

하지만 새로운 왕국은 스페인을 지배했던 이슬람 제국과는

그림 24. 엠마뉴엘 고틀리브 로이체(Emanuel Gottlieb Leutze), 《이사벨라 여왕 앞의 콜럼버스》, 1843년 作. 로이체는 독일계 미국 화가였는데, 특히 이탈리아 탐험가 크리스토퍼 콜럼버스(Christopher Columbus)와 관련된 그림을 많이 그렸다. 《이사벨라 여왕 앞의 콜럼버스》은 카스티야와 아라곤이 통합된 후 스페인의 국부를 증가시키기 위해 모색하던 이사벨라(Isabella) 여왕 앞에서 콜럼버스가 인도 항해의 필요성을 설명하는 장면이다.

달랐다. 이슬람 제국은 종교적 관용을 베풀었다. 하지만 스페인은 이슬람교와 유대교, 그리고 가톨릭 이단을 배척하고 추방하기 시작했다. 순수한 혈통을 유지하고 종교적 정통성을 확립함으로써 스페인을 통합하고자 했던 것이다.

이를 위해 당시 교황이었던 식스투스 4세Sixtus IV에게 종교재판소 설립을 요청했다. 당시 지배자들은 종교재판을 통해 이교도들의 재산을 몰수하고, 고문이나 화형 등을 가했다. 그리고 남은 사람들을 추방했다. 이 시기에 스페인에는 약 2만 명 이상의 심문관이 있었다. 기록에 따르면, 화형에 처해진 사람들의 수는 무려 2천 명 이상이었다.

종교적 탄압에도 불구하고, 스페인은 아시아의 기술이나 문화를 수용하는 것이 유럽 내 다른 지역보다 빨랐다. 오랫동안 이슬람 제국의 지배를 받았기 때문이다. 유럽 최초의 제지공장이 스페인에 설립된 것도 바로 이러한 이유에서였다. 이후 프랑스에도 제지공장이 설립되었고, 유럽에서는 점차 종이 생산이 증가하기 시작했다.

당시 유럽에서는 아마나 면을 이용해 옷을 만들었다. 넝마주이들이 헌 옷을 수거해 제지공장에 가져다주면, 이를 잘게 잘라 물에 불렸다. 그런 다음, 절구통에 넣고 물을 부은 뒤 물레방아를 이용해 수십 번 이상 찧어 죽과 같은 상태로 만들었다. 그걸 물에 풀어서 여러 방향으로 틀을 움직여 종이를 뜨고, 틀을 떼면 종이가 만들어진다.

사실, 종이가 처음부터 유럽인들에게 환영을 받았던 것은 아니다. 당시에는 이슬람 제국을 통해 전파된 종이를 사용해서는 안 된다고 생각하는 사람들이 많았다. '이교도의 물건'이었기 때문이다.

유럽에서 종이 대신 사용했던 것은 바로 양피지였다. 양피지는 소나 양, 새끼염소 가죽의 털을 완전히 깎아서 만든 것이다.

역사학자들에 따르면, 양피지는 기원전 190년경, 소아시아의 북서부에 위치한 페르가몬Pergamon의 에우메네스 2세Eumenes Ⅱ에 의해 발명된 것으로 추정된다. 당시 이집트가 페르가몬으로 파피루스 수출을 금지하자 대안으로 양피지를 개발한 것으로 알려져 있다. 양피지는 파피루스에 비해 견고하고, 장기간 보존이 가능했기 때문이 점차 수요가 증가했다.

"가장 밝은 곳은 고문서 연구가, 채식 전문가, 주서사, 필사사의 자리로 되어 있었다. 각 서안에는 채식과 필사에 필요한 도구가 빠짐없이 갖추어져 있었다. 뿔로 만든 잉크병, 수도사들이 예리한 칼날로 끊임없이 다듬어다준 우필, 양피지를 펴는 데 필요한 부석, 줄을 긋는 데 필요한 자에 이르기까지, 준비에 빈틈이 없어 보였다. 각 필사사들 옆, 경사진 서안 위에는 독경대도 있었다. 필사사들은 필사할 고문서를 이 독경대에다 올려놓은 다음, 적당한 크기로 잘라 낸 유리를 그 위에다 대고 한 면씩 필사해 나갔다. 수도사들 중에는, 문서를 읽으면서 미리 준비한 공책이나 평판에 주석을 놓아 가는 수도사도 있었다."

이는 수도원 도서관의 풍경을 묘사한 내용이다. 1980년에 출판된 이탈리아 소설가 움베르토 에코Umberto Eco의 장편소설 <장미의 이름으로Il Nome della Rosa>에 등장한다. 수도사인 윌리엄 윌리엄William과 아드소Adso는 황제와 교황의 회담 준비를 위해 회담 장소인 수도원을 방문했다.

수도원장은 윌리엄에게 수도원에서 있었던 의문의 죽음을 해결해달라고 부탁했다. 하지만 사건을 조사하는 과정에서 몇 명의 수도사들이 또 다시 사망한다. 윌리엄은 이 사건의 중심에 도서관이 있다고 생각했다. 그래서 한편으로는 수도사들을 탐문하고, 다른 한편으로는 도서관에 들어갈 방법을 찾는다.

결국 도서관에 들어간 윌리엄은 늙은 수도사 호르헤Jorge를 만난다. 그는 40년 동안 수도사들이 이단으로 금지된 책을 찾지 못하도록 막아왔다. 그 책은 바로 아리스토텔레스Aristoteles의 <시학Poetics> 제 2권이었다. 사망한 수도사들은 이 책의 유일한 필사본이 도서관에 있다는 사실을 알고 있었다. 이 책을 몰래 읽다가 호르헤에게 독살당한 것이다.

이러한 비밀을 지키기 위해 호르헤는 도서관에 불을 지른다. 당시 도서관에는 책을 보관하는 공간뿐만 아니라 성경을 비롯해 귀중한 책을 필사하는 공간도 있었다. <장미의 이름으로>에서 묘사한 것처럼 유럽에서는 양피지를 이용해 책을 필사했다.

하지만 양피지는 가격이 비싸고, 무겁다는 단점을 가지고 있었다. 따라서 훨씬 가볍고 부피가 작은 종이가 발명되자 점차 사람들은 양피지 대신 종이를 사용하기 시작했다. 종이에 대한 수요가 증가하면서 유럽에서는 새로운 변화가 발생했다. 책의 출판이 증가한 것이다. 그 결과, 성직자나 귀족 등 일부 계층에게만 국한되었던 읽기와 쓰기가 더 많은 사람들에게까지 전파되었다. 이는 곧 생각과 사상의 급속한 확산을 초래했다.

3. 종이와 혁명

너는 듣고 있는가/분노한 민중의 노래

다시는 노예처럼 살 수 없다 외치는 소리

심장박동 요동쳐 북소리 되어 울릴 때

내일이 와 삶이 막 시작되리라

2012년에 개봉한 영화《레 미제라블》의 마지막 부분에 흘러나오는 노래 가사이다. 시위대는 삼색기를 흔들면서 이 노래를 부른다. '민중의 소리'라는 제목의 이 노래는 우리나라뿐만 아니라 홍콩 등 여러 지역에서 저항을 상징하는 대표적인 노래로 자리매김했다.

이 영화는 프랑스 소설가 빅토르 위고Victor Hugo의 원작 <레 미제라블Les Miserables>을 각색한 것이다. 굶주린 조카들을 위해 빵한 조각을 훔친 죄로 19년 동안 감옥에서 지낸 장발장Jean Valjean은 자신을 따뜻하게 대해 준 신부에게 감명 받았다. 그래서 새로운 사람으로 태어나 시장이 되었고, 자신의 공장에서 일하던 여인의 딸을 마치 자신의 딸처럼 키웠다. 그리고 자신의 재산을 그녀와 그녀가 사랑하는 사람에게 넘겨주고 세상을 떠난다.

장발장이 빵을 훔친 시기는 1815년이었다. 당시 프랑스는 프랑스 혁명 이후 정치적으로 매우 혼란스러운 시기였다. 절대군주제의 상징인 루이 16세Louis XVI를 처형했지만, 많은 사람들은 다시 강력한 군주를 갈망했다.

이와 같은 혼란스러운 시기를 틈타 권력을 장악했던 사람이 바로 나폴레옹 보나파르트Napoléon Bonaparte이다. 그는 1799년 11월에 일으킨 쿠데타에서 성공해 제 1통령이 되었다. 이후 1804년에는 원로원의 만장일치로 황제가 되었다. 황제가 된 나폴레옹은 유럽 전역을 지배하겠다는 원대한 계획을 세웠다. 그래서 영국과 러시아를 침공했지만 실패했다. 결국 황제 자리에서 물러나 엘바Elba 섬에 유배되었다.

1815년 2월에 그는 엘바 섬을 탈출해 다시 황제가 되었다. 그러나 같은 해 6월, 워털루 전쟁에서 패배하고 다시 세인트헬레나Saint Helena 섬에 유배되었다. <레 미제라블>은 바로 이 시기부터 시작된다.

나폴레옹의 몰락 이후 루이 16세의 동생인 루이 18세Louis XVIII가 왕으로 즉위했다. 이때부터 프랑스는 입헌군주제 국가가 되었다. 더 이상 왕은 절대적인 권력을 가지고 있지 않다. 대신 의회에게 상당한 권한을 넘겨주게 되었다. 하지만 루이 18세가

자식 없이 사망했고, 뒤를 이어 황제가 된 동생 샤를 10세Charles X는 다시 '구체제로의 복귀'를 선언했다.

1830년에 일어난 7월 혁명으로 샤를 10세가 폐위되었다. 급진적인 혁명가들은 프랑스에도 공화정을 세우고자 했다. 더 이상 왕이 지배하지 않고, 민중에 의해 지도자를 선출하는 국가를 꿈꾸었던 것이다. 하지만 당시 귀족들과 부르주아들은 여전히 왕정을 지지했다.

결국 오를레앙 공작 루이 필리프Louis Philippe가 왕으로 추대되었다. 여전히 왕은 존재하지만, 7월 혁명으로 프랑스에서는 큰 변화가 발생했다. 첫째, 의회를 구성하는 상원이 신분에 따른 세습이 아니라 선출로 바꾸었다. 그 결과, 귀족의 영향력이 크게 감소했다. 둘째, 특별재판소가 폐지되었다. 셋째, 새로운 국기로 삼색기를 사용하기 시작했다. 이렇게 프랑스에서 발생한 변화는 유럽 전역으로 확산되기 시작했다.

그림 25. 자크 루이 다비드(Jacques Louis David), 《알프스를 넘는 나폴레옹》, 1801년 作. 1800년, 제 1통령이 된 나폴레옹(Napoleon Bonaparte)은 이탈리아 원정에 나섰다. 그는 당시 프랑스에서 가장 빨리 나폴리에 도착할 수 있는 방법이 알프스를 넘는 것이라고 생각했고, 생 베르나르 협곡을 넘었다. 이탈리아 원정에 성공하자 스페인은 나폴레옹에게 여러 가지 선물을 주었는데, 그 중 한 가지가 바로 다비드가 그린 초상화였다. 다비드는 나폴레옹이 생 베르나르 협곡을 넘는 장면을 영웅적으로 묘사하고자 했다. 그림 속의 날씨는 어둡지만, 실제로 나폴레옹이 알프스를 넘을 때 날씨는 좋았다고 전해진다. 이러한 점에서 《알프스를 넘는 나폴레옹》은 나폴레옹을 영원한 영웅으로 숭배하고자 하는 정치적 의도를 가진 그림이라고 할 수 있다.

그림 26. 외젠 들라크루아(Eugène Delacroix),《민중을 이끄는 자유의 여신》, 1830
년 作. 들라크루아는 힘찬 동작과 격정적인 표현을 통해 낭만주의를 이끈 프랑스
화가이다. 그는 새로운 색채나 두껍게 칠하는 임파스토 기법 등을 시행했다.《민
중을 이끄는 자유의 여신》은 바로 1830년에 발생한 7월 혁명을 주제로 그린 작
품이다. 들라크루아는 자신의 형에게 보내는 편지에서 "조국의 승리를 위해 직접
나서지는 못하지만 조국을 위해 이 그림을 그리고 싶다"고 밝혔다.

명화로 읽는 전쟁의 세계사

새로운 왕으로 즉위한 루이 필리프는 시민들의 자유와 언론, 출판의 자유를 보장했다. 그리고 산업 활동의 자유도 보장했다. 그 결과, 프랑스에서는 직물이나 금속 등의 산업을 중심으로 산업화가 발생했다. 그리고 부르주아들은 이를 토대로 많은 부를 축적하게 되었다.

장발장 역시 이와 같은 사회적 변화 속에서 구슬공장을 설립해 부를 축적하게 된다. 하지만 그는 자신의 과거를 끊임없이 되돌아보면서 늘 가난한 사람들에게 베풀었다. 그리고 시장으로 선출되었다. 이 시기 부르주아의 급격한 신분상승의 전형이라 할 수 있다.

그러나 산업화로 모든 사람들이 부를 축적했던 것은 아니다. 당시 도시로 수많은 사람들이 몰려들었지만, 이들은 대부분 가난한 노동자들이었다. 일자리를 찾아 도시로 사람들이 이동하면서 도시의 위생 상태는 열악해졌다. 콜레라를 비롯한 치명적인 전염병은 이들에게 더욱 끔찍한 영향을 미쳤다. 결국 경제적 불평등과 유행성 전염병의 확산은 국민들의 정부에 대한 불신을 가중시켰다.

급진적 개혁가들은 왕정을 폐지해야 한다고 주장했다. 이들은 장군 장 막시밀리앙 라마르크Jean Maximilien Lamarque의 장례식 때 혁명을 일으키기로 했다. 바로 1832년에 발생했던 6월 혁명이다.

명화로 읽는 전쟁의 세계사

그림 27. 알프레드 로데(Alfred Loudet), 《로베스피에르와 당통, 그리고 마라》, 1882년 作. 프랑스 낭만주의 소설가 빅토르 위고(Victor-Marie Hugo)의 마지막 장편소설은 『93년(Quatrevingt-treize)』이다. 이 소설은 프랑스 혁명에 대한 위고의 결론이라고 볼 수 있는 작품으로 실존 인물과 지명, 사건들이 그대로 기록되어 있다. 소설에서는 프랑스 혁명의 주역인 로베스피에르(Maximilien François Marie Isidore de Robespierre)와 조르주 당통(Georges Jacques Danton), 그리고 장 폴 마라(Jean Paul Marat)에 대해 다음과 같이 묘사하고 있다. "1793년 6월 28일, 세 남자가 그 뒷방에서 탁자 둘레에 앉아 있었다... 그 세 남자들 중 한 사람은 안색이 창백하고 젊으며 엄숙한데, 입술이 얇고 시선은 차가웠다. 그의 볼에 경련이 일어나곤 해서 그것 때문에 미소 짓기가 거북했을 것이다. 가발에 분가루를 뿌렸고, 장갑을 끼었고, 말끔하게 손질한 상의 단추들은 모두 잠갔는데, 밝은 하늘색 상의 천에는 주름 하나 없었다. 또한 담황색 남경산 직물로 지은 짧은 바지를 입었고, 백색 스타킹을 신었으며, 넥타이는 한껏 치켜 매었는데, 주름진 가슴 장식을 달았고 은제 고리쇠가 달린 구두를 신고 있었다. 나머지 두 사람 중 하나는 거인이었고, 다른 하나는 난쟁이족에 속하였다. 진홍색 고급 직물로 지은 품이 헐렁한 정장을 아무렇게나 걸쳤고, 가슴 장식보다도 더 밑으로 늘어진 넥타이가 풀려 실한 목덜미나 드러났으며, 단추들이 떨어져 나가 상의 앞자락이 활짝 열려 있던 거인은 상단이 뒤집혀 접힌 장화를 신고 있었는데, 머리는 손질하여 꾸민 흔적에도 불구하고 머리카락들이 일제히 곤두서 있었다. 안면에는 천연두 자국이 있었고, 미간에는 분노의 주름살이 선명했으며, 입 귀퉁이 주름에는 선함이 감도는데, 입술이 두툼하고 치아들이 굵직하며 짐꾼의 주먹에 눈빛이 형형하였다. 작은 남자는 안색이 노랗고 앉아 있는 모습이 보기 흉할 만큼 기형이었다. 즉, 머리를 뒤로 젖히고 있었는데 눈에 핏발이 섰고 안면은 연판처럼 창백하였으며, 기름때로 인해 납작해진 머리카락을 수건으로 감쌌는데, 이마가 없는 반면 입이 크고 무시무시했다. 그는 긴 바지를 입고 실내화를 신었으며, 백색비단으로 지은 듯한 조끼를 입고 있었다. 조끼 위로 걸친 웃옷의 주름들이 곧고 경직된 선을 이루고 있는 것으로 보아 안에 단검 한 자루가 매달린 것 같았다. 세 남자들 중 처음 언급한 사람이 로베스피에르였고, 두 번째 사람이 당통, 세 번째 사람은 마라였다."

당시 시위대는 '자유 아니면 죽음'이라는 구호를 외치면서 시위에 가담했다. 이들은 자신들에게 발포하는 군대로부터 스스로를 보호하기 위해 바리케이트를 치고 저항했다. 비록 6월 혁명은 성공하지 못했지만, 이후 1848년 2월 혁명으로 루이 필리프 왕정은 붕괴되었다. 그리고 결국 프랑스에는 공화정 정부가 수립되었다.

프랑스 혁명은 1789년 7월 14일의 바스티유 감옥 습격에서 시작되어 1794년 7월 28일 공포정치를 했던 로베스피에르 Maximilien François Marie Isidore de Robespierre의 처형 때까지 발생했던 사건들만 의미하는 것이 아니다. 절대왕정 하에서 구체제의 모순을 해결하고, 민주적 의회 정치와 사유제 및 특권 폐지, 국민의 동의로 구성되는 국가 등을 실현하기 위한 사건들이 복잡하게 얽혀 있는 현상이다.

그러므로 한편으로 프랑스 혁명은 단기간에 발생했던 정치적 혁명이다. 다른 한편으로는 프랑스 사회 전반에 영향을 미쳤던 경제적, 사상적 혁명까지 포함하는 장기적인 것이라 볼 수 있다. 그리고 프랑스뿐만 아니라 유럽과 대서양 건너 여러 국가들에도 영향을 미쳤다.

프랑스 혁명이 발생하게 된 사상적 배경을 제공한 여러 가지 저서들이 있다. 이 가운데 가장 중요한 저서를 두 권 꼽으라고 한다면, 단연코 존 로크John Locke의 <통치론Two Treatises of

Government>과 유럽 지식인들이 집필에 참여했던 <백과전서 Encyclopédie>일 것이다.

영국 철학자 존 로크는 1685년에 다음과 같은 내용의 서한을 보냈다.

> "국가 공동체commonwealth란 시민적 재화를 보존하고 증진시키는 목적만을 위해 구축된 결사다. 이때 '시민적 재화'civil goods란 토지, 돈, 생필품 등 외적 소유만이 아니라 생명, 자유, 육체적 온전함, 그리고 고통으로부터 자유로운 상태를 말한다. 따라서 시민 통치자의 의무는 만인에게 평등한 법을 통해 전체로서 인민과 개개인을 위해 이러한 것들의 정당한 소유를 보장하고 유지하는 것이다."

로크는 절대왕정, 즉 국가를 '동의'라는 방식으로 설명했다. 이는 동시대의 영국 철학자 토머스 홉스Thomas Hobbes와 같은 방식이다. 하지만 두 사람의 주장은 분명한 차이가 있다.

홉스는 인간의 자연 상태는 "만인의 만인에 대한 투쟁"이라고 생각했다. 그래서 이와 같은 무질서 상태를 벗어나기 위해 계약을 토대로 국가가 형성되었다고 주장했다. 그리고 한 사람의 주권자에게 자신의 권리를 양도하고 복종하기로 약속했다고 강조했다.

반면, 로크는 '명시적 동의'를 내세웠다. 그는 어떠한 권력도 인민이 동의한 목적에 상응하지 않는다면, 결코 유지될 수 없다는 점을 강조했다. 다시 말해, 국민은 국가에 대해 저항할 수 있는 권리를 가지고 있다는 점을 인정한 것이다. 이와 같은 국가에 대한 저항권은 프랑스 혁명 당시 정부를 전복시키는 행위에 대한 이론적 정당성을 제공해주었다.

<백과전서>는 모두 28권으로 구성된 책이다. 장 자크 루소Jean Jacques Rousseau나 프랑소아즈 볼테르Francois-Marie Arouet Voltaire 등 당시 유럽의 많은 지식인들이 집필에 참여했다. 『백과전서』에서는 신을 중심으로 한 종교관을 비롯해 전통사회의 사고방식에 의문을 제기했고, 편견과 구습을 비판했다. 그리고 당시 과학과 기술에 대한 최신 정보를 객관적이고, 체계적으로 전달하고자 했다.

이는 당시 프랑스 사회를 이성과 합리주의를 통해 바라보고자 했던 시도였다. 이를 토대로 급진적 혁명가들은 구체제의 모순에 찌들어 있던 왕정을 무너뜨리고, 새로운 공화정을 수립하고자 했던 것이다.

<백과전서>의 원래 제목은 <백과전서 또는 문인협회에 의한 과학, 기술, 공예에 관한 합리적 사전Encyclopédie, ou dictionnaire raisonné des sciences, des arts et des métiers>이다. 저서가 완성되기까지 무려 21년이 걸렸다. <백과전서>의 급진적이고 개혁적인 성향으로 인해 이 저서에 대한 공격이 끊이지 않았기 때문이다.

결국 1752년에 왕정은 <백과전서>를 금서로 지정했다. 하지만 편집자들은 단념하지 않고, 계속 편찬 작업을 진행했다. 이 와중에 출판 허가가 취소되고, 이미 간행된 7권의 인쇄가 금지되는 해프닝이 발생하기도 했다. 하지만 1772년에 드디어 <백과전서>가 완성되었다.

그래서 역사학자들은 <백과전서>의 출판 의도를 다음과 같은 맥락에서 이해해야 한다고 주장한다.

"17세기 프랑스인들에게 인간의 이성과 지능은 유용한 도구적 가치만 지니고 있었을 뿐, 아무런 본질적 가치도 지니지 못했다. 또한, 이 지상의 삶은 '일시적'인 것이고, 중요한 것은 오직 영생이었다. <백과전서>의 목표는 인류의 운명이란 하늘의 일에 관심을 갖는 것이 아니라 이성과 지성에 의해 이 지상에서, 또 이 세상을 위해 진보하는 것에 있음을 분명히 밝히는 데 있다. 이 책에서는 신비주의적 이상에 현실적 이상을 대비하고, 또 이 이상의 현실성과 유효성을 논증했다. 그러므로 우리는 이 <백과전서>를 그때까지 이루어진 발전상을 집대성한 작품이며, 아울러 미래의 발전에 대한 확실한 약속을 보장하는 작품이라고 간주할 수 있다."

<백과전서>는 프랑스 혁명뿐만 아니라 유럽 사회 전반에 엄

청난 반향을 불러 일으켰다. 계몽주의를 토대로 평등과 자유를 보장하는 국가 설립을 요구하는 목소리가 전 세계에 걸쳐 나타났다. 무엇보다도 <백과전서>를 계기로 프랑스를 비롯해 전 세계적으로 서적 출판이 급속하게 성장했다.

이는 13세기에 유럽에 전파된 종이와 15세기 초에 발명된 활판인쇄술 덕분이었다. 더 이상 책과 지식은 부와 권력을 가진 사람들만의 소유물이 아니었다. 대중들은 서적을 통해 다양한 지식과 사상을 접하게 되었고, 그 결과, 지적 생활에도 변화가 발생했다. 사교계의 살롱이나 토론 등이 많아졌고, 다양한 학문 아카데미가 설립되었다. 그야말로 지식의 홍수가 나타난 것이다.

4. 제국들의 충돌과 종이의 전파

'전쟁의 신'이라 불리는 당나라 태종太宗이 고구려를 침략했다. 그는 요동성을 비롯해 10개의 성을 빼앗았다. 당시 고구려를 지배하고 있던 연개소문淵蓋蘇文은 주필산 전투에서 안시성 성주 양만춘楊萬春에게 도움을 요청했다. 하지만 그는 싸움에 질 것을 알고 구원병을 보내지 않았다.

결국 전쟁에서 진 연개소문은 분노에 가득 찼다. 그래서 양만춘을 죽이기 위한 암살자를 보냈다. 하지만 암살자는 성의 주민들이 양만춘을 대하는 태도를 보면서 자신의 생각을 조금씩 바꾸게 된다.

이 때 당나라 태종이 수십 만 명의 군대를 이끌고 안시성을 공격했다. 안시성의 병력은 약 5천 명 정도밖에 되지 않았다. 병력 수로만 본다면, 당나라와는 비교도 되지 않는다. 치열한 전쟁이 계속 되고, 당나라 군대는 안시성 앞에 토성을 쌓아 공격했다. 그리고 안시성 주민들에게 항복을 요구했다. 하지만 성주와 주민들은 땅을 파고 들어가 토성을 무너뜨리고 결국 당나라의 군대를 격파했다.

2018년에 개봉한 영화《안시성》의 내용이다. 영화 마지막에서 당나라 태종은 한쪽 눈을 잃고 당나라로 돌아가는 것으로 묘사된다. 하지만 실제 역사 기록에는 이와 같은 내용이 언급되어 있지 않다.

안시성은 중국 요령성辽宁省 해성시海城市 영성자둔英城子屯 영성자촌英城子村에 위치한 성곽이다. 삼국시대에 고구려가 설치한 것이다. 안시성은 오늘날 하북성河北省 장가구시張家口市로 추정되는 신성新城과 요령성 잉커우시營口市에 위치한 건안성建安城의 중간에 위치해 있다. 따라서 만약 적의 수중에 들어간다면, 요동지방의 여러 성들을 방어하는데 어려움이 발생하게 된다.

우리에게는 고구려 침공으로 잘 알려진 당나라 태종은 형을 죽이고 세자가 되었다. 황제로 즉위한 후 활발한 대외 정복을

그림 28. 작자 미상, 《양만춘 초상화》, 연대 미상. 양만
춘(楊萬春)은 고구려 마지막 왕인 보장왕(寶臧王) 때 안
시성 성주이다. 역사서에는 그의 이름 대신 '안시성 성
주'로만 기록되어 있지만, 박지원(朴趾源)의 <열하일기
(熱河日記)>에는 양만춘으로 기록되어 있다. 고구려가
멸망한 후 당나라에 끝까지 저항한 11개의 성에 안시성
이 포함된 것으로 보아 그의 용기가 고구려 부흥운동으
로까지 계승된 것으로 볼 수 있다.

통해 민심을 수습하고자 했다. 630년에 당나라는 동돌궐을 정복하면서 몽골고원을 지배했다. 이와 같은 당나라의 팽창에 압도된 다른 유목 민족들은 태종을 '유목 민족의 패자'라는 뜻을 지닌 '천가한天可汗'으로 추대했다. 돌궐이 멸망하면서 그 지배를 받았던 거란 등의 유목 민족들도 당나라에 투항했다.

640년에 당나라는 투루판 동남쪽으로 약 50킬로미터 정도 떨어진 고창국高昌國을 정복했다. 고창국의 멸망은 서북부의 유목 민족들이 이제 모두 당나라의 세력 하에 있음을 의미하는 것이다. 이를 계기로 당나라는 실크로드의 서쪽을 장악할 수 있게 되었다.

당나라의 팽창 정책은 여기에서 그치지 않았다. 비록 동쪽으로의 정복 전쟁은 고구려와의 전쟁 패배로 중단되었지만, 티베트 고원 북쪽 지역에 선비족이 세운 토욕혼吐谷渾을 정복했다. 그리고 회유책을 써서 서남쪽의 티베트와도 안정적인 관계를 유지했다.

이 시기에 당나라의 영토는 동쪽으로는 서해 바다까지, 서쪽으로는 타클라마칸 사막의 북동쪽에 위치한 언기국焉耆國, 남쪽으로는 베트남 남부 지역에 위치한 임읍국林邑國, 그리고 북쪽으로는 사막 지대까지 확대되었다. 이와 같은 영토 팽창 정책은 고대 아프로-유라시아 세계의 최대 교역로였던 실크로드를 다시 지배하기 위한 것이었다.

그림 29. 작자 미상, 《고선지 초상화》, 연대 미상. 고선지(高仙芝)는 고구려 유민 출신의 당나라 장군이다. 747년 티베트 정벌 및 서역 정복에 성공하였지만, 751년의 탈라스 전투에서 패배했다. 755년에 안녹산(安祿山)이 반란을 일으키자 부원수로 임명되어 장안을 지켰으나, 임의로 주둔지를 떠났다는 모함을 받아 처형되었다. 하지만 고선지의 서역 원정 이후 이슬람을 거쳐 제지 기술 및 나침반 등이 유럽으로 전파되어 동서양의 교류에 많은 영향을 미쳤다고 평가 받는다.

하지만 당나라의 영토 팽창 정책은 당시 아라비아 반도에서 세력을 확대시키던 압바스 왕조와 충돌할 수밖에 없었다. 당시 압바스 왕조는 동쪽으로 팽창 정책을 펼치고 있었다. 750년에 당나라의 군대는 오늘날 우즈베키스탄의 수도인 타슈켄트Tashkent를 점령하고, 이슬람 군주를 처형했다. 이 때 당나라의 군대를 이끌었던 사람은 특이하게도 우리나라 사람이었다. 바로 고구려 유민이었던 고선지高仙芝 장군이다.

중국 감숙성甘肅省 북서부의 주천지구에 있는 둔황敦煌은 실크로드로 가는 관문이었다. 당나라 때 이 지역은 서역과의 교역을 통해 경제적 번영을 누렸던 도시였다. 둔황에서 남동쪽으로 약 25킬로미터 떨어진 명사산鳴沙山 동쪽 절벽에는 석굴이 있다. 역사학자들은 이를 '둔황석굴敦煌石窟'이라고 부른다.

4세기부터 약 1000년 동안 만든 석굴은 약 1천 여 개에 달한

명화로 읽는 전쟁의 세계사

다. 지금까지 발굴된 것은 모두 492개이다. 석굴은 크게 용도에 따라 예배굴과 참선굴로 나뉜다. 예배굴은 예배를 드리는 공간이고, 참선굴은 승려가 거처하면서 참선을 하는 공간이다.

처음 불교가 인도에서 서역을 거쳐 유입되었을 때의 석굴부터 전성기 시대의 것, 쇠퇴하는 시기의 것 등 다양하게 분포되어 있다. 1천 년의 시기가 중첩되기 때문이다. 뿐만 아니라 벽화를 통해 당시 불교 사상과 문화를 엿볼 수 있다. 둔황석굴 벽화에는 인접한 국가들이 왕이나 사신의 모습들도 자주 등장하는데, 우리나라 사람들의 모습도 등장한다. 전문가에 따르면, 둔황석굴에서도 가장 큰 벽화인 막고굴 제 61굴의 《오대산도五臺山

그림 30. 작자 미상, 《오대산도(五臺山圖)》, 연도 미상. 돈황석굴 제 61굴에는 신라 사신이 방문하는 장면이 그려져 있다. 마부와 고급관원, 사신, 역관 등이 묘사되어 있는데, 고급관원과 사신은 소매 부분이 길어서 손이 보이지 않는다.

圖》에는 신라인이나 고구려인의 모습이 등장한다.

666년에 연개소문이 사망했다. 이후 고구려에서는 후계 문제를 둘러싸고 분열이 발생했다. 신라와 당나라는 연합해서 고구려를 공격했고, 결국 멸망했다. 당나라는 약 20만 명에 달하는 고구려 유민들을 오늘날 감숙성과 운남성云南省 일대로 강제이주시켰다. 나라를 잃은 유민들의 삶은 상당히 비참할 수밖에 없었다.

당나라 때 장작張鷟이 집필한 <조야첨재朝野僉載>는 당나라 조정이나 관리들에 대한 기록을 모은 저서이다. 이 저서에는 고구려 유민에 대한 다음과 같은 기록이 등장한다.

"경조京兆의 고구려 사람이 집안이 가난하여 어사대御史臺에서 훈관勳官을 대신해 문서 수발하는 일을 했다. 그 때 영사가 거짓으로 문서를 만들어 고려인에게 주어 다른 사람에게 돈을 요구하게 했다. 일이 실패하자 영사는 도주했고, 도주한 영사를 추적했으나 잡히지 않았다. 어사가 고려인을 잡아 고문했는데, 무릎 뼈가 땅에 떨어지고 두 다리를 못 쓰게 되었다. 영사를 대신해 죄를 승인하고 법에 따라 사형에 처하도록 보내었다."

이러한 상황에서 고구려 유민이 당나라에서 출세하는 유일한 길은 군인이 되는 것이었다. 고선지高仙芝의 아버지인 고사계高舍雞는 고구려가 멸망한 후 서역 4진에서 장군으로 복무했고, 그도 아버지를 따라 서역 정벌에 나섰다. 741년에 톈산 산맥의 서쪽에 위치한 돌궐족 일파인 달해부達奚部가 반란을 일으켰다. 이에 고선지는 2천 명의 기병을 이끌고 진압에 성공했다.

747년에는 티베트가 세력을 확대하자, 파미르 고원을 넘어 티베트 군대를 격파했다. 그리고 파키스탄 북부 지역을 점령했다. 뿐만 아니라 서역 72개의 나라로부터 항복을 받아냄으로써 당나라의 영향력을 서아시아까지 확대시켰다. 그 여세를 몰아 오늘날 우즈베키스탄 중동부에 위치한 사마르칸트Samarkand와 타슈켄트도 점령했다.

이렇게 당나라의 세력이 투르키스탄 서쪽 지역으로까지 확대되자 압바스 왕조는 군대를 파견했다. 751년에 고선지 장군은 3만 명의 병사를 이끌고, 키르기스스탄Kyrgyzstan 서북부에 위치한 탈라스Talas에서 이슬람 군대와 전쟁을 벌였다. 당시 압바스 왕조의 이슬람 군대는 약 15만 명으로 무려 당나라 병력의 5배였다.

결과적으로 당나라 군대는 이 전투에서 패배했다. 첫 번째 원인은 병력 부족이었고, 두 번째 원인은 반란이었다. 당시 중앙아시아의 알타이 산맥과 타르바가타이 산맥 일대에 거주하던 유목민족인 카를룩Karluks족이 반란을 일으켰던 것이다. 전쟁에서 패배하면서 약 2만 여 명이 포로가 되었는데, 이 포로 가운데 제지공이 있었다.

이를 계기로 중국의 제지술이 사마르칸트에 전파되었다. 757년에 사마르칸트에 최초의 제지 공장이 설립되었다. 사마르칸트를 가로지르는 시압 강은 깨끗하고 유속이 빨라 종이를 만드는데 적합했다.

당시에는 주로 아마나 면화를 이용해 종이를 만들었다. 사마르칸트에서는 식물성 섬유를 태워 잿물에 넣은 다음 6~7시간 정도 끓였다. 이후 나무판에 올려놓고 가볍게 두드려 섬유질을 풀어지게 만든 후 물에 깨끗하게 씻었다. 씻어낸 섬유를 체로 걸러 물기를 제거한 다음, 압축해서 말리면 종이가 완성된다. 특히 사마르칸트의 종이는 조개껍데기로 문질러서 윤이 나고, 글씨를 쓸 때 앞뒤가 비치는 것을 방지했다.

사마르칸트로 전해진 제지술은 압바스 왕조의 수도인 바그다드를 거쳐 스페인과 프랑스, 그리고 이탈리아 등 유럽의 여러 지역으로 확산되었다. 비록 탈라스 전투에서 당나라는 패배했지만, 덕분에 인류는 지금까지의 경험과 생각을 더욱 빨리, 그리고 널리 확산시킬 수 있는 새로운 무기를 가질 수 있게 되었다. 이러한 점에서 탈라스 전투는 인류의 역사가 새로운 국면으로 전환될 수 있었던 원동력 가운데 하나였다.

IV

암본 전투

암본 전투

1. 향신료와 유럽인의 항해

향신료는 음식에 맛이나 향을 더하는 일종의 조미료이다. 우리나라에서는 향신료로 마늘이나 고추, 파, 생강 등을 많이 사용한다. 전 세계적으로 사용되는 향신료의 종류는 훨씬 다양한데, 가장 대표적인 것으로는 후추를 들 수 있다. 인도에서 처음 재배되었던 후추는 후추나무의 열매이다. 향이 강하고 '피페

그림 31. 미하일 얀츠 반 미에르펠트(Michiel Jansz van Mierevelt), 《요한 반 올던바르너펠트》, 연대 미상. 미에르펠트는 델프트에서 태어난 네덜란드 화가이다. 초상화를 주로 그렸는데, 수많은 작품 의뢰 때문에 많은 조수를 두고 마치 공장에서 찍어내듯 초상화를 그렸다. 요한 반 올던바르너펠트(Johan van Olden-barnevelt)는 네덜란드 정치인으로서 해외 시장을 개척하려는 여러 회사들을 정부가 운영하는 하나의 회사로 통합했다. 이것이 바로 네덜란드 동인도 회사(Ver-eenigde Oostindische Compagnie; VOC)의 시작이다.

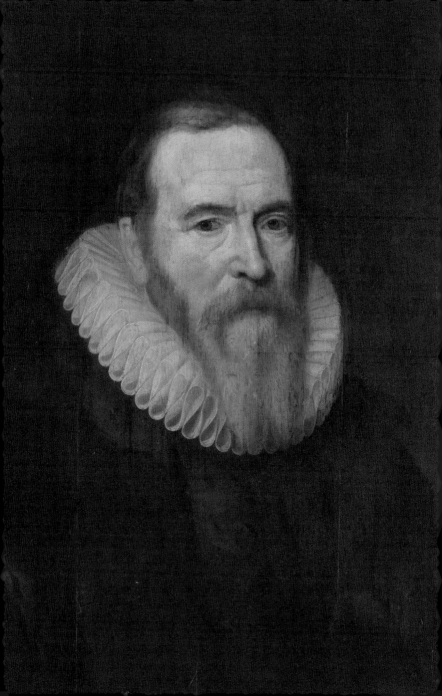

리딘'이라는 성분이 들어 있어 육류의 좋지 않은 냄새를 없애준다. 따라서 후추는 육류의 맛과 향을 더해주는데 매우 중요한 향신료였다.

우리나라에서 후추는 주로 약으로 사용되었다. 17세기 초에 편찬된 『동의보감東醫寶鑑』에 따르면, 후추는 "성질이 따뜻하고 독이 없기 때문에 풍과 냉을 제거하는데 효과적이며, 신장과 혈기를 돋군다."

유럽에서는 로마 제국이 이집트를 정복한 이후부터 향신료를 사용하기 시작했다. 당시 유럽에서 가장 인기 있었던 향신료는 후추와 계피였다. 일부 기록에 따르면, 기원전 4세기경에 주변 지역과 연결된 교역로를 통해 인도의 후추가 유럽인들에게 알려졌다. 하지만 당시 후추의 가격은 매우 비쌌기 때문에 유럽인들이 쉽게 구할 수 있는 상품이 아니었다.

이 시기에 새로운 항로가 개발되었다. 이는 계절에 따라 방향이 변하는 무역풍을 이용한 것이었다. 사람들은 무역풍을 이용해 인도양을 건너 홍해로 북상해 이집트에 도달할 수 있었다. 그래서 로마 제국에서는 별다른 어려움 없이 인도산 향신료를 구할 수 있었다.

계절풍은 기원전 1세기경에 그리스 항해사 히팔루스Hippalus가 발견했다. 그는 아프리카 동쪽 지역으로 이동하는 이슬람 상인들로부터 인도양에서 부는 바람의 특징에 대해 들었다. 이후 많은 사람들은 이 바람의 성질을 이용해서 금이나 곡물을 실고 이집트에서 인도로 이동했다. 그리고 반대로 인도에서 재배되는 후추를 이집트로 가지고 왔다.

중세 유럽에서는 고기를 소금이나 꿀에 절여 저장하곤 했다. 하지만 당시 소금은 화폐로 사용될 만큼 귀한 물건이었고, 꿀은 소금보다 더 구하기 어려웠다. 따라서 음식을 보존하기 위해 꿀이나 소금을 사용하는 것은 사실상 불가능했다. 더욱이 소금으로 절인 고기는 시간이 지나면 냄새가 역해져서 먹기 힘들었다. 결국 대부분의 농민들은 주변에서 쉽게 구할 수 있는 허브를 대신 사용할 수밖에 없었다.

하지만 돈과 권력을 가진 사람들은 달랐다. 이들은 인도를 비롯해 동남아시아에서 수입된 향신료를 고기에 뿌려 역한 냄새를 없애고 맛을 더했다. 여기에 사용된 것이 바로 후추와 정향, 육두구였다.

정향은 향과 맛이 가장 강한 향신료이다. 주로 꽃봉오리를 사용한다. 자극적이지만 상쾌하고 달콤한 향이 난다. 원산지는 인도네시아 동쪽 끝에 위치한 몰루카 제도Molucca Islands이다. 방부 효과와 살균력이 강해 일부 지역에서는 약재로 사용하기도 한다. 육두구 역시 몰루카 제도가 원산지로서 주로 생선 요리나 소스에 이용되었다.

그러나 인도산 후추나 몰루카산 정향과 육두구를 유럽으로 가져오기 위해 유럽 상인들은 상당한 위험을 감수해야만 했다. 11세기에 이탈리아 반도에서는 베네치아Venezia와 피렌체Firenze, 밀라노Milan 그리고 제노바Genoa가 교역의 중심지였다. 특히 베네치아는 늪지대가 많아 지리적 조건이 농경에 적합하지 않았다. 별다른 천연자원도 없었다. 결국 도시가 생존할 수 있는 유일한 방법은 교역밖에 없었다.

베네치아 상인들은 비잔틴 제국과 이슬람 제국을 유럽 국가들과 연결하는 교역로를 개척했다. 하지만 이슬람 제국이 당시 육상 교역로를 통제하고 있었기 때문에 엄청난 관세가 부과되어 향신료는 매우 비쌌다. 이집트 북부에 위치한 알렉산드리아Alexandria 항구에서는 지중해를 경유하여 베네치아로 향신료를 운반했다. 그리고 한자 동맹에 가입한 도시를 통해 유럽 각지에 판매했다.

이 교역에 참여한 사람들은 모두 엄청난 이윤을 요구했다. 그래서 최종 소비자가 구매할 때 인도산 후추는 아주 비싼 가격일 수밖에 없었다. 한때 후추는 은과 같은 가격으로 화폐로 통용된 적도 있었고, 집 여러 채의 가격에 달하기도 했을 정도였다.

그렇다면 당시 유럽인들은 왜 이렇게 비싼 향신료를 구입했을까. 첫째, 당시 유럽 음식이 형편없이 맛없기 때문이었다. 교통이 불편하고, 냉장시설이 없었던 시대였기 때문에 주식은 대부분 소금에 절인 고기였다. 여기에 잘해봐야 북해에서 잡은 생선을 절여 건조시킨 것 정도가 추가될 뿐이었다. 이러한 음식들은 향신료라도 사용해서 맛과 향기를 돋우지 않으면 먹기 힘들었다.

둘째, 질병을 예방하기 위해서였다. 당시 서양의학에서는 모든 병이 나쁜 공기 때문에 발생한다고 믿고 있었다. 고대 그리스 의사 히포크라테스Hippocrates가 주장한 것으로 '미아즈마 가설'이라고 불린다. 오랫동안 사람들은 나쁜 공기와 냄새를 없애기 위해서는 향신료를 사용해야 한다고 믿었다.

14세기에 유럽을 휩쓸었던 치명적인 유행성 전염병은 바로 흑사병이었다. 당시 의사들은 흑사병을 예방하기 위해 후추를 사용했다. 새 부리 모양의 마스크 속에 후추를 넣으면 흑사병에 걸리지 않는다고 믿었던 것이다. 19세기 초에 콜레라가 유행했을 때에도 마찬가지였다. 사람들은 환자가 발생한 집에 후추를 태워서 소독하기도 했다.

사실, 일부 향신료는 소독 효과가 있기 때문에 오늘날에도 약으로 사용되기도 한다. 하지만 이 시기에 유럽에서 약으로서 향신료의 기능은 상당히 과대평가되었다. 뿐만 아니라 악마나 귀신을 퇴치할 때 사용되기도 했다.

셋째, 애정관계를 향상시키기 위해서였다. 향신료의 성분과 호르몬의 상관관계는 아직까지 분명하게 밝혀지지 않았다. 하지만 당시 유럽인들은 향신료가 연인에게 매력을 발산하는 효력을 가지고 있다고 믿었다. 따라서 애정관계를 향상시키거나 사랑을 갈구하는 사람들 사이에서 향신료는 매우 중요한 상품이었다.

이러한 기능 때문에 유럽에서 향신료의 수요는 계속 급증했다. 향신료 교역으로 인해 막대한 부를 축적하자, 직접 아시아와 교역하려는 사람들이 등장했다. 이탈리아와 콘스탄티노플 Constantinople이 중심 세력이었던 지중해 교역에서 오랫동안 배제되었던 사람들이었다. 이들은 인도양을 가로 질러 향신료의 원산지인 인도와 인도네시아로 항해하고자 했다.

가장 대표적인 국가는 스페인과 포르투갈이었다. 이들은 15세기 말부터 아시아로 가는 항해로를 탐험하기 시작했다. 여기에 중요한 역할을 담당한 것이 바로 마르코 폴로Marco Polo의 <동방견문록東方見聞錄>이었다.

베네치아 상인이었던 마르코 폴로는 17년간 몽골제국을 여행하면서 자신이 경험한 것을 책으로 남겼다. 여기에는 다소 불확실하지만, 향신료의 산지인 인도에 대한 기록도 포함되어 있었다. 이 기록은 향신료를 얻기 위해 아시아로 항해하려는 유럽인들의 열망을 더욱 고조시켰다.

2. 중상주의와 영국 동인도회사

'중상주의'라는 용어를 처음 사용한 것은 스코틀랜드 경제학자 애덤 스미스Adam Smith였다. 그는 자신의 저서 <국부론The Wealth of Nations>에서 이 용어를 사용했고, 이후 널리 알려지기 시작했다. 중상주의는 특정한 학설이나 사상을 의미하기보다는 상당히 광범위한 내용과 주장까지 포함한다. 역사적으로는 유럽인들의 아시아 항해 이후 18세기 후반에 산업혁명과 자본주의가 발전하기 전까지 존재했던 경제정책 및 이론들을 의미한다.

가장 기본적인 목적은 금이나 은과 같은 귀금속을 축적하는 것이다. 그리고 이를 통해 국가의 부를 증대시키는 것이었다. 초기 자본주의에서는 국가의 부가 금이나 은의 보유량과 비례한다고 생각했기 때문이다.

이는 당시 유럽의 식민지 경쟁과 그 맥락을 함께 한다. 유럽의 여러 국가들은 수입을 억제하고, 수출을 장려하는 경제 정책을 추구했다. 그래서 높은 관세를 부과했고, 일부 상품들의 수입을 아예 금지하기도 했다.

중상주의를 실현하기 위해 여러 무역회사가 설립되었다. 궁극적인 목적은 해외로부터 값비싼 상품과 많은 자원을 효과적으로 얻는 것이었다. 17세기 초까지는 개별적인 무역회사들이 설립되었다. 이후 1602년에 네덜란드에서는 여러 개의 무역회사들을 하나로 통합했다. 바로 네덜란드 동인도회사Dutch East India Company이다.

사실, 동인도회사는 영국에서 먼저 설립했다. 1600년에 인도 및 아시아의 여러 지역들과의 효율적인 무역을 위해 영국 동인도회사East India Company가 설립되었다. 당시 125명의 주주들이 7만 2천 파운드를 출자해서 회사를 설립했다.

회사의 행정업무는 24명으로 구성된 런던의 중역회의에서 관장했다. 그리고 지역별 무역을 관장하기 위해 인도 서북부에 위치한 수라트Surat와 벵골 만에 위치한 마드라스Madras, 남서부에 위치한 캘리컷Calicut, 그리고 뭄바이Mumbai에 상관商官을 설치했다. 상관에서는 영국과 인도 사이의 무역을 주로 담당했다. 그밖에도 인도네시아를 비롯해 아시아 다른 지역들의 상품을 유럽에 판매하는 중개무역을 담당하기도 했다.

1600년 12월 31일, 엘리자베스 1세Elizabeth I는 동인도회사에 15년간 독점권을 부여했다. 당시 영국 동인도회사는 네덜란드에 비해 뒤쳐져 있는 상태였다. 네덜란드는 인도네시아의 향신료 교역에 적극적으로 참여하고 있었기 때문이다. 따라서 영국 동인도회사는 인도와 동남아시아의 향신료 교역에 참여하기 위해 네덜란드나 포르투갈과 경쟁해야만 했다.

올리버 크롬웰Oliver Cromwell도 네덜란드와의 경쟁을 매우 중요하게 생각했다. 그래서 1657년에 영국 동인도회사에 새로운 특

그림 32. 대니얼 매클라이즈(Daniel Maclise), 《찰스 1세와 올리버 크롬웰의 회담》, 1836년 作. 매클라이즈는 아일랜드 화가로서 주로 역사화를 그렸다. 영국 문학이나 역사 속 인물을 많이 그렸고, 유명인의 초상화를 그리기도 했다. 《찰스 1세와 올리버 크롬웰의 회담》에서 권력을 상실한 찰스 1세(Charles I)는 다소 슬픈 표정으로 자신의 아이들을 바라보고 있고, 올리버 크롬웰(Oliver Cromwell)은 이를 지켜보고 있다.

허권을 부여했다. 이제 영국 동인도회사는 의회로부터 특권을 인정받고, 주식회사로 재탄생했다. 그러면서 엄청난 권리를 부여받았다.

우선, 외교 및 군사상 권리가 포함되어 있었다. 보다 구체적으로는 인도를 비롯한 아시아의 여러 지역에서 현지 세력과의 전쟁을 선포하거나 수행할 권리였다. 그래서 많은 역사학자들은 영국 동인도회사를 '국가 밖의 국가'로 불렀다. 이는 바로 크롬웰이 인정한 특허권으로부터 유래된 것이다. 이러한 특허권은 영국 동인도회사의 성격을 완전히 변화시켰다.

당시 중소상인들은 영국 동인도회사의 독점을 반대했다. 이들로 구성된 연합체는 의회와 왕실에 엄청난 재정 지원을 약속했다. 그래서 1698년에 두 번째로 영국 동인도회사를 설립했다. 이것이 바로 2차 영국 동인도회사이다.

하지만 1차 영국 동인도회사와 2차 영국 동인도회사 사이의 경쟁이 심화되기 시작했다. 이 두 회사가 함께 파멸할 것을 두려워한 영국 의회는 결국 이 두 회사를 합병시켰다. 합병된 새로운 영국 동인도회사는 이후 인도 무역을 독점하고 확대시키는데 중요한 역할을 담당했다.

영국 동인도회사의 역할 가운데 가장 중요한 것은 바로 면직물 교역이었다. 원래 영국도 네덜란드나 포르투갈과 마찬가지로 향신료 교역에 많은 관심을 가지고 있었다. 그래서 인도네시아나 인도로 진출하고자 했다.

그러나 지나치게 많은 국가들이 향신료 교역에 참여하자, 향신료 교역은 과열되기 시작했다. 그 수익이 줄어들면서, 이들은 새로운 수익을 창출할 수밖에 없었다. 이러한 과정 속에서 영국이 선택한 것은 바로 면직물이었다.

3. 향신료 제도와 암본 전투

포르투갈이나 네덜란드와 비교했을 때 영국은 항해 경험이 부족했다. 따라서 영국 동인도회사의 초기 목표는 항해 및 항로 개척이었다.

1601년 2월 13일, 4척의 선박이 인도네시아를 향해 출발했다. 항해 도중 20% 이상의 선원들이 괴혈병 등으로 사망했다. 이러한 어려움을 극복하고, 이들은 가까스로 수마트라Sumatra 섬에 도착했다. 그리고 자바Java 섬으로 이동해 후추를 대량으로 가져왔다.

하지만 지나치게 많은 후추를 가져오는 바람에 오히려 영국에서는 후추 가격이 폭락했다. 결국 무역 적자를 초래할 수밖에 없었다. 첫 항해는 많은 사망자와 경비 지출로 엄청난 타격을 입고 실패로 끝나고 말았다.

1609년에 네덜란드 동인도회사 선박들이 몰루카 제도 앞바다를 지나가고 있었다. 탐험대를 이끈 사람은 피테르 페르후번Peter Verhoeven이었다. 특이하게도 이 함대는 1천 명 이상의 전투병으로 구성되어 있었다.

이들의 목적지는 인도네시아 중부에 위치한 반다Banda 제도였다. 당시 반다 제도에서는 육두구와 정향이 많이 생산되었다. 그래서 '향신료 제도'라는 별명으로 불렸다. 이들의 목표는 향신료 독점권을 확보하는 것이었다.

이 시기에 반다 제도에는 약 1만 5천 여 명의 원주민들이 거주했다. 가장 큰 섬인 반다 베사르Bandaq Besar는 육두구가 가장 많이 재배되는 곳이었다. 그런데 섬의 서쪽 가장자리인 룬Run 섬과 아이Ai 섬에는 이미 영국인들이 장악하고 있었다. 결국 반다 제도의 향신료를 둘러싸고 네덜란드와 영국 동인도회사가 경쟁을 벌이게 되었다. 더욱이 베사르 요새에는 이미 영국 국기가 휘날리고 있었다.

전투병으로 무장한 페르후번의 선박은 원주민들에게 공포심과 두려움을 초래했다. 페르후번은 추장들과의 회담을 요구했다. 이 회담에서 그는 추장들에게 영국 대신 네덜란드와 향신료 독점 계약을 맺을 것을 강요했다.

하지만 반다 제도 원주민들에게 네덜란드 동인도회사의 요구는 별다른 매력이 없었다. 이미 원주민들은 독점 계약보다 여러 지역이나 국가들과의 가격 경쟁이 발생했을 때 향신료를 더 비싸게 팔 수 있다는 사실을 알고 있었기 때문이다. 사실, 이들은 유럽인들보다 오랫동안 친분관계를 유지해왔던 말레이인이나 중국인, 아랍인들과 교역하는 것을 더 선호했다.

추장들은 네덜란드 동인도회사의 협상 조건에 선뜻 응하지 않았다. 대신 내부적인 논의를 거쳐 알려주겠다고 답했다. 협상이 시작된 지 한 달쯤 흘렀다. 평화로운 분위기에서 협상을 진행하자는 추장들의 메시지가 전달되었다. 그래서 페르후번과 그의 부하들은 무장을 해제한 채 협상 장소로 갔다. 하지만 이것은 함정이었다. 그와 부하들은 모두 살해되었다.

페르후번의 후임으로 시몬 훈Simon Hoen이 반다 제도에 왔다. 그는 할 수 있는 모든 형태의 복수를 하면서 반다 제도를 봉쇄했다. 결국 반다 제도 원주민들은 네덜란드의 조건에 응할 수밖에 없었다.

하지만 반다 제도 원주민들이 영국인들이나 다른 지역 사람들과 향신료를 거래하는 것까지 막을 수는 없었다. 이들은 향신료의 독점 교역이라는 목표를 달성하지 못한 채 네덜란드로 돌아갔다. 훈은 아이 섬을 공격했지만, 실패했다. 얀 피테르스준 쿤Jan Pieterszoon Coen은 네덜란드 동인도회사의 3대 총독으로 부임했는데, 그는 네덜란드가 향신료 제도의 무역 독점권을 가져야 한다고 생각했다. 그래서 대규모 함대를 이끌고 아이 섬의 영국인들을 위협했다. 결국 영국인들은 룬 섬으로 피신해야만 했다.

쿤은 룬 섬마저 정복하기를 원했다. 하지만 당시 네덜란드와 영국은 평화로운 관계를 유지하고 있었기 때문에 양국은 쓸데없는 분쟁을 일으키려 하지 않았다. 그래서 그는 암스테르담에 위치한 네덜란드 동인도회사 본부의 위원회에 다음과 같은 내용의 서신을 보냈다.

"영국인들은 우리가 일구어 낸 열매를 훔치려 하고 있습니다. 만약 이들이 당신 집에 침입한다면 당신은 '혹독한 방법'을 동원하지 않고 재산을 지킬 수 있겠습니까? 이것이 바로 몰루카 제도에서 영국인들이 하고 있는 행동입니다. 영국인들에게 아무런 위해도 가하지 말라는 지시를 받고 놀랐습니다."

그는 영국과의 무력 투쟁도 불사할 예정이었다. 모두 향신료 제도에서의 독점권을 위한 것이었다. 결국 1623년에 인도네시아 동부에 위치한 암본Ambon 섬에서 전투가 발생했다. 육두구를 둘러싸고 네덜란드와 영국 사이에 발생한 전투였다. 이 전투의 승리자는 네덜란드였다. 그 결과, 영국은 후추보다 비싼 육두구나 정향을 포기할 수밖에 없었다. 그리고 인도네시아에서 후퇴해야만 했다.

이 시기에 영국은 인도네시아뿐만 아니라 인도에도 많은 관심을 가지고 있었다. 이미 인도의 여러 지역에 상관을 설치했고, 1607년에는 인도와의 무역을 시도하기도 했다. 하지만 당시 이 지역을 점령하고 있던 포르투갈의 방해로 실패했다.

암본 전투로 인도네시아에서 쫓겨난 영국 동인도회사는 인도 남동부의 벵골만에 위치한 마술리파탐Masulipatam에 상관을 개설했다. 서쪽 지역에서는 비협조적인 토착 세력들을 협박해서 반강제적으로 상관을 개설했다. 그리고 무력을 사용해 무굴제국을 압박하기 시작했다.

그림 33. 작자 미상,《후광이 비치는 샤 자한》, 1618-1629년 作. 무굴제국 시대의 그림은 주로 책의 삽화 형태로 많이 남아 있다. 초상화와 더불어 동식물 그림이 많았고, 역사적 사건을 비롯해 전쟁, 건물, 사냥 등의 삽화가 많이 남아 있다. 《후광이 비치는 샤 자한》은 무굴 제국 5대 황제였던 샤 자한(Shah Jahan)의 초상화이다. 아내 뭄타즈 마할(Mumtaz Mahal)에 대한 지극한 사랑으로 타지마할을 건축했고, 그의 치세 아래 무굴제국은 안정과 번영을 누렸다. 당시 그의 궁정을 방문한 외국 사절은 궁전의 화려함과 질서 잡힌 통치 방식에 매우 놀랐다고 전해진다.

당시 인도를 지배하고 있던 무굴제국은 엄청난 군대를 가지고 있었다. 하지만 해상에서는 영국과 대적할 수 없었다. 영국 동인도회사는 무굴제국의 선박을 공격하거나 납치하면서 압박을 가했다. 결국 1624년에 상업특권을 얻었다. 영국 동인도회사가 뇌물을 주면서 호의적인 관계를 형성했던 왕자가 황제가 되자, 인도와 동인도회사의 관계는 우호적으로 변했다. 이후 영국은 인도에서 중상주의 정책을 더욱 적극적으로 실현하기 시작했다.

4. 인도의 식민화와 플라시 전투

암본 전투에서 패배한 영국은 인도네시아를 떠날 수밖에 없었다. 새로 상관을 설치한 인도에서는 향신료 이외에 새로운 무역 상품을 찾아야만 했다. 당시 유럽을 지배하고 있던 중상주의 정책에 따라 영국에 더 많은 금과 은을 가져다 줄 수 있는 수입원이 필요했기 때문이다. 당시 영국인들이 발견한 것은 바로 인도산 면직물이었다.

인도산 면직물을 처음 유럽에 전파했던 사람들은 포르투갈인이었다. 처음에는 '캘리코'라는 이름으로 전해졌다. 역사학자들은 '캘리코'라는 이름이 포르투갈 탐험가 바스코 다 가마Vasco da Gama가 도착했던 인도 캘리컷에서 유래한 것으로 추정한다. 이곳에 도착한 포르투갈인들은 인도인들이 입은 면직물을 유럽으로 가져갔다. 그때까지만 하더라도 유럽인들은 면직물에 대해 알지 못했다.

유럽에 전해진 캘리코는 엄청난 인기를 끌었다. 이 시기에 유럽에서 가장 인기 있던 직물은 영국산 모직물이었다. 하지만 영국산 모직물과 비교했을 때 인도산 면직물은 가격도 저렴하고 가벼울 뿐만 아니라 아름답기까지 했다.

17세기 이후 유럽에서 가장 많이 교역되던 아시아 상품은 후추를 비롯한 향신료였다. 하지만 점차 인도산 면직물이 더 많은 비중을 차지하게 되었다. 특히 캘리코는 염색이 가능해서 다양한 색상과 여러 가지 무늬를 표현할 수 있었다. 영국 상류층을 중심으로 캘리코가 확산되기 시작했고, 이는 유럽 패션에 엄청난 변화를 가져왔다.

너무 많은 양의 캘리코가 수입되자 문제가 발생했다. 영국 내 모직물, 견직물, 특히 리넨 산업이 심각한 타격을 입은 것이다. 직공들은 인도산 면직물 때문에 일자리를 빼앗길 위험에 처했다. 이들의 저항이 점점 더 거세지면서, 결국 인도산 캘리코 수입을 금지하는 법이 제정되기도 했다. 하지만 인도산 면직물에 대한 수요를 막을 수는 없었다.

향신료 무역에서 면직물 무역으로 방향을 전환하면서 영국 동인도회사의 역할도 변했다. 초기에 영국 동인도회사가 관심을 가지고 있던 지역은 향신료 무역의 중심지인 수라트였다. 하지만 점차 마드라스와 뭄바이, 그리고 캘커타 등으로 무역의 중심지가 옮겨졌다.

이와 동시에 영국 동인도회사가 인도를 대하는 방식 역시 변화하기 시작했다. 처음에는 단순히 인도와의 무역에만 관심을 가지고 있었다. 하지만 무굴제국이 점차 약화됨에 따라 영국은 인도를 식민지로 삼고자 했다. 이는 유럽의 다른 제국주의 국가들도 마찬가지였다.

영국의 이러한 전략 변화는 한 전쟁에서 비롯되었다. 바로 플

그림 34. 안토니오 마누엘 다 폰세카(António Manuel da Fonseca), 《바스코 다 가마의 초상화》, 1838년 作. 폰세카는 포르투갈 화가로서 화가이자 조각가였던 아버지의 영향을 많이 받았다. 그는 주로 그리스-로마 신화나 전쟁 이야기를 많이 그렸고, 역사 속 영웅의 초상화도 그렸다. 바스코 다 가마(Vasco da Gama)는 유럽에서 아프리카를 돌아 인도로 가는 항해를 함으로써 유럽인들의 아시아 항해를 가능하게 했다.

명화로 읽는 전쟁의 세계사

라시 전투였다. 플라시 전투는 인도에서 세력을 확대시키려는 영국과 프랑스 사이에서 발생한 전투이다. 당시 벵골Bengal을 통치하던 태수 시라지 웃 다울라Siraj Ud Daulah는 영국 동인도회사의 밀무역이 벵골의 경제에 커다란 타격을 준다고 항의했다. 그래서 영국인들을 캘커타에서 추방했다. 그 결과, 영국과 인도가 충돌하게 되었다. 이 시기에 프랑스도 인도 무역에 많은 관심을 가지고 있었기 때문에 영국과 인도의 갈등에서 인도의 편을 들었다.

1757년 6월에 캘커타 북서부 지역에 위치한 플라시Plassey에서 전투가 발생했다. 로버트 클라이브Robert Clive가 이끄는 영국군과 벵골 태수 웃 다울라와 프랑스 연합군 사이의 전투였다. 당시 병력은 연합군이 우세했다. 하지만 많은 장군들이 영국군에게 매수되었기 때문에 결과적으로는 영국군이 승리했다. 태수는 처형되었고, 프랑스는 인도에서의 지배력을 상실했다.

이후 영국은 벵골을 포함해 인도 전역에 대한 절대적인 지배권을 획득했다. 벵골은 영국의 인도 식민화의 발판인 셈이었다. 영국은 점차 인도에 더 많은 군사를 파견했고, 정치적 영향력도 더욱 확대되었다. 이후 10년 동안 영국은 단계적으로 인도 내 식민지를 넓혀 갔다. 그리고 그 지역에 살고 있는 인도 용병을 통해 식민지를 지배하기 시작했다.

영국 동인도회사의 이와 같은 세력 확대에 당연히 무굴제국은 반발했다. 전쟁이 발발했지만, 이 전쟁에서 영국이 승리했다. 이제 영국 동인도회사는 무굴제국으로부터 벵골 이외에 다른 지역의 징세권까지 양도받았다. 그야말로 '국가 밖의 국가'로 기능하면서 영국 동인도회사의 권력은 더욱 확대되었다.

하지만 역설적이게도 인도에서의 성공은 영국 동인도회사에 오히려 위기가 되었다. 식민지 확대와 더불어 증가한 비용 때문이었다. 무역 활동을 통해 발생한 이익은 전부 영국 동인도회사 경영과 식민지 통치에 사용해야만 했다.

뿐만 아니라 이 시기에 중국과의 무역에서 영국은 늘 적자였다. 향신료 대신 선택한 면직물도 그다지 성공을 거두지 못했다. 미국과 이집트가 세계 면직물 시장에 진입했기 때문이다. 영국 동인도회사는 점차 경쟁력을 상실했다. 결국 인도 현지인 노동력을 착취하고, 50% 이상의 토지세를 징수했다. 그리고 아편처럼 수익성이 좋은 플랜테이션 농장을 운영하기 시작했다.

더 많은 이익을 얻기 위해 영국 동인도회사는 인도의 곡물 거래를 독점했다. 그러면서 민간에서의 곡물 유통을 금지했다. 그 결과, 수확 시기에 곡물을 비축해두었다가 농번기에 판매하는 농경국가의 순환구조가 파괴되었다. 결국 1770년에 벵골에서는 대기근이 발생했다. 이 기근으로 당시 1천 만 명 이상의 사람들이 사망했다. 이와 같은 상황은 인도 내 영국 동인도회사에 대한 여론을 크게 악화시켰다.

무역을 넘어 식민지 확대와 통치까지 아우르게 되자 영국 동인도회사는 심각한 재정적 어려움에 처했다. 결국 파산의 위기에 직면했고, 영국 의회에 도움을 요청할 수밖에 없었다. 영국 동인도회사의 재정 문제를 해결하기 위해 영국 의회가 제시한 해결책은 아메리카 식민지였다. 아메리카 식민지에 동인도회사에서 수입하는 차를 강제로 구매하도록 하고, 여기에 본국보다 높은 세금을 부과한 것이다. 하지만 이러한 정책은 아메리카 식민지인들의 불만을 초래했다. 이들은 '대표 없는 과세는 없다'고 주장하면서 영국 의회가 제정한 법들을 반대했고, 이는 미국 독립혁명이 발생하는 계기를 제공했다.

이렇게 본국에 가져다주는 이익보다 문제가 더 많아지자, 영국 의회는 점차 영국 동인도회사를 규제하기 시작했다. '보스턴 차 사건'이 발생했던 1773년에는 영국 동인도회사 규제법을 통과시켰다. 이 법의 주된 내용은 본국에서 직접 임명한 총독에게 영국 동인도회사의 이사회에 간섭할 수 있는 권리를 부여하는 것이었다. 의회는 이를 통해 '국가 밖의 국가'로 존재하는 영국 동인도회사를 통제할 수 있을 것이라고 생각했다.

시간이 흐르면서 영국 동인도회사 규제는 더욱 확대되었다. 1813년에는 외교권과 군사권을 박탈했고, 인도 무역권도 박탈했다. 더 이상 인도 무역은 영국 동인도회사의 독점이 아니었다. 결국 영국 동인도회사는 인도 무역을 중단할 수밖에 없었

그림 35. 존 트럼벌(John Trumbull), 《독립선언문》, 1817년 作. 트럼벌은 미국 화가로서 미국 독립혁명 당시 영국으로 건너갔으나 스파이 혐의로 감금되었다. 이후 석방되어 그림을 배웠다. 미국 독립혁명을 주제로 하는 역사화 및 조지 워싱턴(George Washington)과 토머스 제퍼슨(Thomas Jefferson)의 초상화를 그리기도 했다. 《독립선언문》은 제 2차 대륙회의가 열린 방의 모습을 묘사하고 있다. 제목이 《독립선언문》으로 되어 있지만, 실제로는 1776년 6월 28일에 열렸던 5인 초안 작성위원회를 그린 것이다. 5인 초안 작성위원회는 독립선언문의 초안을 작성했던 5명의 위원들로 구성되었다. 여기에는 당시 아메리카 식민지 최고의 문필가였던 벤저민 프랭클린(Benjamin Franklin), 존 애덤스(John Adams), 로버트 리빙스턴(Robert R. Livingston), 로저 셔먼(Roger Sherman), 그리고 토머스 제퍼슨(Thomas Jefferson)이 포함되어 있었다.

다. 1826년에 인도 무역을 정식으로 중단했고, 1833년에는 영국 동인도회사가 가지고 있던 인도뿐만 아니라 아시아 무역 독점권이 모두 영국 의회로 넘어갔다. 이제 아시아 무역에서 영국 동인도회사는 아무런 의미도 가지지 않았다.

영국 동인도회사의 역할은 인도와의 무역에서 인도 통치로

명화로 읽는 전쟁의 세계사

그림 36. 나다니엘 커리어(Nathaniel Currier), 《보스턴 차 사건》, 1846년 作. 커리어는 미국 석판화가로서 제임스 아이브스(James Ives)와 함께 '커리어&아이브스'라는 회사를 설립했다. 처음에는 광고지를 주로 인쇄하다가 시사 사진을 만들기 시작했다. 그리고 역사적 장면을 그린 삽화도 제작했다. 《보스턴 차 사건》은 1773년 12월 16일 밤에 아메리카 식민지 주민들이 영국 본국으로부터 차 수입을 거부하면서 일으켰던 사건이다. 당시 영국에서는 아메리카 식민지에서의 차 밀무역을 금지시키고, 영국 동인도회사에 독점권을 부여하는 법을 통과시켰다. 이러한 법이 식민지 자치에 위배된다고 생각했던 급진파 보스턴 주민들은 아메리카 원주민으로 분장했다. 그리고 보스턴 항에 정박해 있던 영국 동인도회사 선박에서 342개의 차 상자를 깨뜨려 차를 전부 바다에 던졌다. 이 사건을 계기로 영국 정부는 손해배상을 요구하면서 식민지를 탄압했고, 이는 결국 미국 독립혁명의 원인 가운데 하나로 작용했다.

변화했다. 하지만 이마저도 본국으로부터 상당한 간섭과 제약을 받았다. 영국 의회가 '인도청'을 설치하면서 영국 동인도회사가 자체적으로 운영하던 학교는 모두 폐교되었다. 심지어 영국 동인도회사의 임원까지 의회가 임명했다. 그야말로 영국 동인도회사의 역할은 아주 제한적으로 축소되었다. 이제 영국 의

회가 인도와 아시아 식민지와 관련된 모든 정책을 수립하고 주도하기 시작했다.

이와 같은 과정 속에서 발생한 것이 바로 세포이 반란이다. 세포이sepoy는 인도인 용병을 의미한다. 이들은 자신의 의지와는 무관하게 파키스탄이나 미얀마 등 해외 지역으로 파병되곤 했다. 인도에서는 비교적 신분이 높은 계급이었기 때문에 이러한 파병을 반대해왔다. 그러자 영국 동인도회사는 파병에 반대하는 세포이를 더 이상 고용하지 않겠다는 입장을 밝혔고, 세포이의 불만은 더욱 고조될 수밖에 없었다.

이 때 인도 북부의 메러트Meerut에 주둔한 기병대에 새로운 총포가 지급되었다. 그런데 이 총포에는 소와 돼지기름이 칠해져 있었다. 이들에게 이는 매우 끔찍한 사건이었다. 당시 세포이들은 힌두교도 및 이슬람교도들이 대부분이었기 때문이다. 이들에게 소나 돼지기름으로 총포를 칠하는 것은 자신들의 종교를 부정하는 것이었다. 이 소문은 세포이들 사이에서 급속하게 확산되었다. 가뜩이나 원치 않는 해외 파병이나 영국인 사관과의 차별 대우 때문에 불만이 많았던 세포이들은 결국 반란을 일으켰다.

세포이들은 나나 사히브Nana Sahib를 지도자로 삼았다. 영국인 장교들을 살해하고, 무기를 빼앗았다. 그리고 무굴제국의 재건을 목표로 삼았다. 이들 세력은 인도 북쪽의 갠지스 강과 서쪽

그림 37. 조지 앳킨슨(George Francklin Atkinson), 《토착 연합군》, 1859년 作. 앳킨슨은 벵갈 지역의 토착 화가이다. 《토착 연합군》은 인도에서 영국 동인도회사의 통치를 종식시켰던 세포이 항쟁 당시 인도 군대를 구성하고 있던 용병인 세포이를 그린 그림이다.

지역까지 확대되었다. 세포이 반란은 영국 동인도회사에 대한 불만으로 시작되었지만, 당시 인도 사회에 불만을 가진 농민이나 병사들까지 가세하면서 반란의 규모는 더욱 확대되었다.

　하지만 이들에게는 강력한 통일 조직이 없었다. 그래서 세포이와 민중들을 하나로 통합하하는데 실패했다. 당시 무굴제국 역시 몰락 직전의 상태였다. 영국군은 최신식 무기를 가지고 반란군을 진압했다. 1857년 9월, 영국군은 델리Delhi를 정복했고, 황제를 체포했다. 그리고 무굴제국은 공식적으로 멸망했다. 하지만 세포이 반란이 완전히 진압된 것은 1859년이 되어서야 가능했다.

1859년에 영국은 결국 영국 동인도회사를 폐지했다. 그리고 인도 통치의 모든 권한을 의회에 일임하고, 인도를 빅토리아_{Victoria} 여왕이 직접 통치하도록 했다. 이후 여러 차례에 걸친 법 개정에 따라 인도를 영국 식민지로 전락시켰다. 이후 인도는 1947년 8월에 '인도 독립법'이 시행될 때까지 영국의 식민지 상태였다.

그림 38. 프란츠 빈터할터(Franz Xaver Winterhalter), 《빅토리아 여왕의 초상화》, 1859년 作. 빈터할터는 독일 화가 겸 판화가로서 유럽 왕족 및 귀족의 초상화를 그려서 유명해졌다. 빅토리아(Victoria) 여왕은 대영제국, 아일랜드 연합왕국 및 인도의 여왕이었다. 당시 영국은 수많은 식민지를 가지고 있어서 '해가 지지 않는 나라'라고 불릴 정도로 최전성기였다. 그녀는 유럽의 여러 왕가와 혈연관계를 맺고 있었는데, 혈우병 인자를 가지고 있었기 때문에 유럽 왕가로 이 유전자가 확산되기도 했다. 이는 결국 러시아 왕가의 몰락을 초래했다.

V

아편전쟁

아편전쟁
the Opium War

1928년에 디즈니 스튜디오에서는 최초의 유성 애니메이션을 출시했다. 주인공인 미키Mickey는 휘파람을 불면서 증기선을 운행한다. 그런데 배의 선장인 피트Pete가 미키를 내쫓고, 배를 대신 몰았다. 항구에 배가 도착하자 미키는 다양한 동물 손님들을 맞이한다. 그리고 항구에서 배를 놓친 미니Minnie를 도와주었다.

그런데 미니가 떨어뜨린 악보와 악기를 염소가 먹어버렸다. 미키는 염소를 마치 축음기처럼 돌려서 음악을 연주했다. 그리고 주변의 여러 가지 도구들을 이용해 흥겹게 연주한다. 이를 본 피트를 미키를 식당으로 보내 감자 깎는 일을 시켰다. 그리고 앵무새는 화내면서 일하는 미키를 비웃는다. 바로 《증기선 윌리Steamboat Willie》이다.

원래 디즈니 스튜디오에서는 토끼가 등장하는 '오스왈드 행운의 토끼Oswald the Lucky Rabbit' 시리즈를 발표했다. 그리고 상업적으로 크게 성공을 거두었다. 하지만 1928년에 제작자와 재계약이 원활하지 못했다. 그 결과, 새로운 캐릭터가 필요하게 되었고, 그 과정에서 '미키 마우스Mickey Mouse'를 개발했다.

《증기선 윌리》는 초기 유성 애니메이션 역사에서 중요한 의미를 가지고 있다. 극에서 발생하는 소리와 연주 소리가 완벽하게 일치하기 때문이다. 당시 대부분의 애니메이션 스튜디오에서는 제작비용 때문에 유성 애니메이션을 제작하지 못했다. 하지만 디즈니 스튜디오는 미키 마우스의 더빙에 직접 참여함으로써 관객들에게 애니메이션의 이미지와 사운드를 완벽하게 동기화시켰다.

최초의 유성 애니메이션에서 소재로 다룬 것은 바로 증기선이었다. 증기선은 증기기관의 동력을 활용함으로서 앞으로 나아가는 배를 의미한다.

증기기관의 발명은 소빙기Little Ice Age와 밀접한 관련성을 가지고 있다. 소빙기는 마지막 빙하기 이후 가장 추웠던 시기를 의미한다. 소빙기가 발생한 원인에 대해서는 아직 명확하게 규명되지 않았다. 하지만 많은 과학자들은 소빙기 동안 발생했던 기후변화가 태양의 흑점 활동과 상호관련성을 가지고 있다고 생각한다.

그림 39. 피테르 브뤼헐(Pieter Bruegel the Elder), 《눈 속의 사냥꾼》, 1565년作. 16세기 네덜란드 화가 브뤼헐은 순수한 풍경화를 그린 최초의 화가 중 한 사람이다. 그는 풍경화를 종교화와 역사화의 수준으로 끌어올렸다. 《눈 속의 사냥꾼》은 사냥을 마치고 마을로 돌아오는 사냥꾼의 모습을 그리고 있다. 눈이 뒤덮인 마을 아래쪽에서는 사람들이 스케이트를 타고 있는데, 이 시기는 유럽뿐만 아니라 전 지구적으로 극심한 추위가 나타났던 소빙기였다.

명화로 읽는 전쟁의 세계사

1645년부터 1714년까지의 시기를 '마운더 극소기$_{\text{Maunder minimum}}$' 라고 부른다. 이 시기에는 태양 흑점이 현저하게 감소했다. 이와 더불어 1739년에 화산이 폭발했다. 화산재와 이산화황이 지구 대기를 뒤덮었다. 그 결과, 태양 에너지의 반사율이 높아졌고, 대기는 차가워졌다. 작물들이 제대로 자라지 못하면서 전 세계적으로 극심한 기근이 발생했다.

사람들은 소빙기와 함께 찾아온 추위를 극복하고자 했다. 난방용 목재 사용량이 급증하기 시작했고, 목재가 고갈될 위기에 직면했다. 새로운 에너지원을 모색해야만 했다. 당시 추위를 극복하기 위해 사람들이 관심을 가진 새로운 에너지는 바로 석탄이었다.

영국은 고생대 지형이 많아 노천 석탄이 많았다. 사람들은 극심한 추위를 극복하기 위해 노천 석탄을 이용했다. 점차 석탄의 수요가 많아지자, 땅 속에 묻힌 석탄을 채굴하기 시작했다. 땅 속의 석탄을 채굴하면서 지하수를 효율적으로 퍼 올리기 위한 동력이 필요했다. 이를 위해 증기엔진이 개발되었다.

시간이 흐르면서 사람들은 새로운 생각을 했다. 석탄을 채굴하는데 사용되는 증기엔진 에너지를 다른 곳에 활용하는 것이었다. 그 결과, 산업혁명이 시작되었다. 이러한 점에서 본다면, 18세기 말에 영국에서 가장 먼저 시작된 산업혁명은 소빙기의 추위와 관련성을 가지고 있다.

증기엔진을 선박에 활용하려는 시도도 나타났다. 이는 특히 미국에서 활발하게 시도되었다. 최초로 상업용 증기선을 개발한 사람은 미국 기술자 로버트 풀턴Robert Fulton이었다. 풀턴은 운하에 대해 연구했다. 프랑스에서는 그의 기술을 활용해 1800년에 '노틸러스Nautilus'라는 원시적 형태의 잠수함을 제작하기도 했다.

당시 뉴욕시 증기선 운항의 독점권을 가지고 있던 사람은 로버트 리빙스턴Robert Livingston이었다. 리빙스턴을 소개받은 풀턴은 그의 지원으로 증기선 연구를 계속 수행했다. 그리고 결국 1807년 8월 11일에 '노스리버North River' 호를 제작했다. 이 선박의 길이는 43미터였고, 용적은 150톤이었다.

'노스리버' 호는 허드슨 강을 따라 뉴욕New York과 올버니Albany를 왕복으로 운항했다. 총 거리는 약 240킬로미터였다. 이 거리를 운항하는데 걸린 시간은 총 62시간이었다. 당시 범선으로 뉴욕과 올버니를 왕복하는데 8일 정도 걸렸다. 이와 비교한다면, '노스리버' 호가 3배 이상 빨랐던 것을 알 수 있다.

당시 '노스리버' 호를 목격한 한 사람은 다음과 같이 기록했다.

"그 괴상한 배는 아주 빠른 속도로 우리 배로 다가왔다. 굉장한 소음을 내면서 너무 가까이 다가와서 많은 사람들이 갑판 아래로 숨거나 물로 뛰어 들었다. 미처 피하지 못한 사람들은 불을 내뿜으며 전진하는 괴물로부터 자신들을 구해달라고 기도하는 수밖에 없었다."

증기선을 처음 목격한 사람들에게 돛이나 노가 없는 이 선박은 매우 이상했다. 그야말로 불을 내뿜는 괴물처럼 보였을 것이다.

그런데 일본인들 역시 이와 비슷한 경험을 했다. 1853년에 미국은 일본에 매튜 페리Matthew Perry가 이끄는 4척의 함대를 보냈다. 목적은 일본의 개항이었다. 당시 미국이 일본에 개항을 요구했던 이유는 크게 다음과 같은 두 가지였다.

첫째, 태평양에서 고래잡이를 하는 미국 어선들을 위한 항구가 필요했기 때문이다. 20세기 전까지 고래 기름은 램프 연료로 사용되었다. 양초나 비누를 제조하는데 중요한 원료이기도 했다. 산업혁명 초기에 증기선과 함께 장거리 항해 기술이 발달하면서 포경산업 역시 활발해졌다. 당시 포경산업은 미국 내에서도 매우 중요한 산업이었기 때문에 어부들이 식량이나 물을 구하기 위한 항구가 필요했다.

둘째, 유럽의 다른 제국주의 국가들과 마찬가지로 미국 역시 중국을 식민화하는데 많은 관심을 가지고 있었다. 이를 위해서는 미국에서 태평양을 가로질러 아시아로 이동하는 중간 지점이 있어야 했다.

페리 제독이 이끌고 온 함대는 그야말로 거함巨艦이었다. 당시

그림 40. 작자 미상,《흑선》, 17세기 초.《흑선》은 일본 나가사키에 도착했던 포르투갈의 흑선을 그린 것이다. 흑선은 16세기부터 19세기까지 일본에 도착했던 서양의 선박을 총칭한다. 1543년에 포르투갈 선박이 최초로 일본에 도착했는데, 인도의 고아와 일본 나가사키를 연결하는 무역로를 개척하기 위해서였다.

일본 함대는 기껏해야 1~2백 톤에 지나지 않았는데, 페리 제독의 함대는 약 2천 5백 톤에 달했다. 더욱이 목재가 썩지 않도록 선체에 검은 색으로 콜타르를 칠했다. 그리고 증기기관 때문에 검은 연기를 뿜었다.

일본인들은 이 거대한 선박을 '흑선黑船'이라고 불렀다. 이들에게는 그야말로 공포의 대상이었다. 결국 일본인들은 미국의 개

명화로 읽는 전쟁의 세계사

항 요구를 받아들이지 않을 수 없었다. 무력을 내세워 체결한 강제적인 불평등 조약이었던 셈이다.

상업 증기선을 발명한 풀턴은 1807년 9월부터 뉴욕과 올버니를 격주로 3회 운항했다. 그리고 '노스리버' 호의 단점을 보완해 '클러몬트Clermont' 호를 제작했다. 운항 노선은 뉴욕과 보스턴Boston, 필라델피아Philadelphia까지 확대되었다. 이후 피츠버그Pittsburgh에서도 증기선을 제작했다. 이제 증기선 운항은 동부 지역에만 국한되지 않고, 중부 지역으로까지 확대되었다.

풀턴은 증기군함인 '데몰로고스Demologos' 호를 건조하기도 했다. 이는 영국과의 전쟁에서 뉴욕을 방어하기 위해 건조되었다. 당시 가장 최신식 군함으로서 24문의 대포를 갖추었다. '데몰로고스' 호는 증기기관을 이용해 선체의 양측이나 선미에 정착된 거대한 수차를 돌려 추진력을 얻는 외륜함이다. 외륜함이 등장하면서 이제 범선의 시대는 막을 내리고, 증기선의 시대가 시작되었다.

1824년에 미국 연방대법원장 존 마셜John Marshall은 새로운 증기선 시대를 열 판결을 내렸다. 그가 내린 판결은 미국 연방헌법 제8조 3항을 토대로 "주간 통상을 규제할 권한은 연방정부에만 있을 뿐"이라는 것이었다. 바로 기번스 대 오그던Gibbons v. Ogden 판결이다. 미국에서는 증기선 수요가 증가했다. 하지만 풀턴과 리빙스턴, 그리고 두 사람의 사망 직전에 독점권을 사들인

그림 41. 헨리 인만(Henry Inman), 《존 마셜의 초상화》, 1832년 作. 인만은 미국의 유명한 초상화가로서 주로 대통령을 비롯한 정치인들의 초상화를 많이 그렸다. 존 마셜(John Marshall)은 미국 제 4대 대법원장으로서 미국 법조계를 한 사람으로 상징한다면 누구나 그를 대표적인 인물로 꼽는다. 토머스 제퍼슨(Thomas Jefferson)의 사촌이었지만, 철저한 연방주의자로서 연방정부의 권력을 확대시키는데 중요한 역할을 담당했다.

애런 오그던Aaron Ogden만이 운항할 수 있었다. 이들의 독점에 맞선 사람들은 모두 불법으로 고소당했기 때문이다.

토머스 기번스Thomas Gibbons는 연방정부가 인정한 범선 운항권을 가지고 증기선을 운항했다. 그러자 오그던은 공권력을 동원해 제재를 가했다. 이에 대해 기번스는 독점권 자체에 대해 소송을 걸었다. 비록 뉴욕법원에서 패소했지만, 그는 이를 연방대법원까지 끌고 갔다. 결국 독점권이 풀렸고, 증기선의 이용 가격은 더욱 저렴해졌다. 이제 증기선을 이용한 새로운 물류 시대가 시작된 것이다.

증기선의 성능이 개선되면서 범선의 수요는 더욱 감소했다. 범선은 바람이 불지 않는 지역에서는 운항하지 못했다. 하지만 증기엔진으로 움직이는 증기선은 자연환경의 제약에도 불구하고, 원하는 일정대로 운항할 수 있었다. 역풍에도 상관없이 목적지까지 항해할 수 있다는 점 역시 증기선의 장점 가운데 하나였다.

1845년에 영국 기술자 이삼바드 킹덤 브루넬Isambard Kingdom Brunel은 '그레이트 브리튼Great Britain' 호를 제작했다. 이는 당시 전 세계에서 가장 큰 철제 증기선이었다. 영국 브리스톨Bristol에서 뉴욕까지 대서양을 건너 항해하는 데 약 2주일 정도밖에 걸리지 않았다.

증기선은 더 이상 승객이나 화물을 운송하는 데에만 사용되지 않았다. 풍부한 석탄과 철을 이용해 가장 먼저 산업혁명이 발생했던 영국은 식민지를 모색하기 시작했다. 공장에서 대량으로 생산되는 상품들을 만들 원료와 이를 팔 수 있는 시장이 필요했기 때문이다. 이제 증기선은 식민지를 개척하는 효율적인 수단으로 기능하기 시작했다.

2. 아메리카의 은과 아편 교역

18세기 초에 영국 동인도회사는 영국 의회에 중국 사절단 파견을 건의했다. 당시 영국은 동남아시아와 중국과의 교역에서 많은 어려움을 겪고 있었기 때문이다. 이에 따라 조지 매카트니George Lord Macartney를 단장으로 하는 사절단이 청나라에 파견되었다.

이 사절단은 약 1백 명으로 구성되었다. 특히 군사나 항해 등여러 분야의 전문가들이 포함되어 있었다. 사절단의 가장 중요한 목적은 청나라와의 교섭이었다. 이를 통해 유럽의 다른 국가들이 얻을 수 없었던 상업적 이익과 외교 권리를 정식으로 획득하고, 중국과 관련된 다양한 정보를 수집하고자 했던 것이다.

1792년 9월, 사절단은 영국을 떠나 다음해 7월에 베이징北京에 도착했다. 이들은 영국 왕 조지 3세George III가 청나라의 황제 건륭제乾隆帝에게 보내는 친서와 시계, 모직물, 무기 등을 가지고 갔다. 사절단은 건륭제를 만났다. 그리고 영국과의 교역 및 베이징과 광저우广州에 영국인들이 상점을 개설하는 것을 허락해 달라고 요청했다.

하지만 건륭제는 사절단의 요구를 거절했다. "중국은 물자가 풍부하여 무역을 할 필요가 없다"는 것이 이유였다. 그리고 영국 상인들이 중국에서 교역을 할 경우, 반드시 중국의 법규를 따라야 한다고 경고했다. 결국 사절단은 소기 목적을 달성하지 못했다.

1850년대까지 중국은 전 세계적으로 인구가 가장 많은 국가였다. 믿을 만한 통계가 존재하지 않아 정확한 수치를 알기 어렵지만, 전문가들에 따르면, 이미 명나라 말기의 인구가 1억 이상이었다. 산업혁명이 발생하기 전 농경사회에서 인구는 곧 국가의 GDP와 직결된다. 인구가 많을수록 농업 생산성이 높았기 때문이다. 따라서 중국은 19세기 중반까지 전 세계에서 가장 부유한 국가였다. 한 인구학자에 따르면, 이 시기에 전 세계의 부 가운데 2/3가 중국과 인도에 집중되어 있었다.

중국의 입장에서는 굳이 다른 국가들과 교역을 할 필요가 없었다. 교역을 하더라도 중국은 늘 무역 흑자를 유지했다. 1842년의 통계 자료에 따르면, 청나라가 영국에서 수입한 상품은 면제품을 비롯해 약 960만 달러어치였다. 반면, 청나라가 영국에 수출하는 상품은 차가 1500만 달러, 비단 920만 달러, 기타

150만 달러 등으로 총 2,570만 달러어치였다. 중국의 수출이 영국의 수출보다 대략 3배 정도 많았다.

당시 영국인들의 일상생활 속에서 차나 비단은 매우 중요했다. 영국의 입장에서는 엄청난 무역 적자임에도 불구하고, 중국과 교역을 하지 않을 수 없었다. 중국이 "외국과 무역을 하는 것은 오랑캐에게 은혜를 베푸는 것"과 마찬가지라고 이야기 할 만하다.

영국의 입장에서 본다면, 아메리카에서 유입되는 대부분의 은이 본국을 거쳐 중국으로 흘러들어가는 상황이었다. 무역 적자를 면하기 위해 여러 가지 방안을 고민했지만, 결과는 신통치 않았다. 이러한 상황이 계속 된다면, 영국의 국가 경제가 파탄날 지경이었다.

암본 전투에서 네덜란드에게 패배한 영국은 인도네시아를 떠나야만 했다. 그리고 인도를 식민지로 삼았다. 새로운 식민지에서 영국은 향신료 대신 면직물을 통해 부를 축적했다. 그런데 영국이 인도에서 발견한 것은 비단 면직물만이 아니었다.

19세기 미국 최고의 소설가 에드가 앨런 포Edgar Allan Poe의 단편소설 <리지아Liegia>에는 다음과 같은 구절이 등장한다.

"그런데 향로에서 나오는 불빛의 바로 밑에 왔을 때 놀라운 현상이 두 번이나 일어나 나의 주의를 빼앗아버렸다. 눈에는 보이지 않지만 실체를 가진 무엇인가가 내 옆으로 가볍게 스쳐지나간 듯한 느낌이었다. 그리고 보았다. 황금의 카펫 위, 향로에서 쏟아져 내리는 수많은 불빛의 한가운데 그림자가 하나 서 있는 것을. 하지만 아편을 너무 많이 해서 흥분 상태에 있었기 때문에 그런 것에는 그다지 신경 쓰지 않았으며, 그 사실을 로비나에게도 이야기하지 않았...... 그 순간이었다. 나는 침대 곁의 카펫 위를 걸어가는 조그만 발소리를 확실하게 들었다. 그 직후, 로비나가 막 와인잔을 입술에 대려는 순간, 잔 속으로 마치 방 안의 허공에 있는 보이지 않는 샘에서 떨어지기라도 하듯이 빛나는 루비와 같은 빛깔의 액체가 서너 방울 떨어지는 것이 보였다."

이 소설은 첫 번째 아내를 잃고 두 번째 아내를 맞이했지만, 여전히 첫 번째 아내를 잊지 못하는 남자에 대한 이야기이다. 결국 두 번째 부인도 병에 걸려 사망했다. 그런데 죽은 아내의 시체가 되살아나는 것처럼 보이더니 첫 번째 부인의 모습이 보인다. 주인공은 자신이 아편에 중독되었기 때문에 죽은 첫 번째 부인의 모습이 보이거나 음성이 들리는 것이라고 생각한다.

아편은 양귀비로부터 얻는 마약의 일종이다. 양귀비꽃이 지고, 10일 정도 지나 덜 익었을 때 칼로 베면 즙이 스며 나온다. 이를 굳혀서 가열하거나 건조시킨다. 이를 덩어리로 굳힌 것이

생$_\pm$아편이고, 분말로 만들어 모르핀의 함유량을 10% 정도로 조절한 것이 바로 아편가루이다.

아편의 기원은 아주 오래 전으로 거슬러 올라간다. 주로 의약품으로 사용되었다. 기원전 2세기 경, 그리스 의사 갈레노스 Galen는 아편이 두통이나 어지럼증, 복통, 발열, 우울증 등의 질병을 치료할 수 있다고 기록했다. 중국에서도 아편을 의료용으로 사용했다. 아편은 실크로드를 통해 중국에 전래되었다. 중국 한나라 말기의 명의로 알려진 화타華佗는 아편과 대마를 마취제로 사용했고, 당나라에서는 이슬람 제국으로부터 아편을 수입하기도 했다.

아편을 담뱃대에 넣어 피우는 방법은 17세기에 등장했다. 네덜란드 상인들은 북아메리카 원주민을 통해 담배와 담뱃대를 알게 되었다. 이는 대만을 통해 다른 지역으로 전파되었다.

당시에는 생아편을 물에 녹인 후, 녹지 않는 성분을 제거했다. 그리고 이를 증발시키고 농축시켰다. 그리고 아편용 곰방대에 불을 붙여 마치 담배를 피우듯이 흡연했다. 역사학자들에 따르면, 이때부터 아편 중독자가 발생했다. 그래서 명나라의 마지막 황제 숭정제崇禎帝는 아편을 피우는 것을 금지하기도 했다.

영국이 아편을 중국에 밀수했던 당시, 청나라는 쇠퇴기였다. 중앙정부의 권위가 하락하면서 전국적으로 반란이 발생했다. 반란을 진압하기 위해서는 더 많은 군대와 군수품이 필요했다.

백성들의 재정 부담 역시 급증했다.

결국 증가하는 세금을 견디지 못한 사람들이 토지를 버리고 도망가는 일이 빈번하게 발생했다. 오히려 반란에 가담하는 사람들이 늘어나기도 했다. 이러한 정치적, 경제적 위기 속에서 중국인들의 불안은 급증했고, 영국인들은 이러한 상황을 이용해 중국에 아편을 밀수하기 시작했다.

현실의 고통을 잊기 위해 수많은 중국인들은 아편을 선택했다. 1773년에 처음 영국산 아편이 밀수되었을 때 판매량은 약 1천 상자에 불과했다. 하지만 1839년에는 4만 상자로 40배 이상 증가했다. 당시 아편에 중독된 중국인은 약 4백 만 명으로 추정된다.

영국과의 교역에서 오랫동안 우위를 점했던 중국의 입장은 이제 역전되기 시작했다. 1842년에 아편 수입액은 2,400만 달러에 달했다. 당시 청나라는 영국에 대해 1,600만 달러 정도 무역 흑자를 기록했다. 하지만 아편 밀수를 고려한다면, 오히려 800만 달러가 적자였다. 영국인들이 차나 비단을 구매하기 위해 중국으로 흘러들어갔던 은은 다시 영국으로 유입되기 시작했다. 당시 아편은 영국의 대 중국 무역량의 절반 이상을 차지했다.

중국 내에서 아편은 심각한 문제로 부상했다. 청나라 정부에서는 이를 어떻게 해결할 것인지를 둘러싸고 두 편으로 나뉘었다. 한편에서는 아편이 마약이어서 한 번 중독되면 끊기 어렵고, 아편 밀수를 완벽하게 막는 것이 불가능하다고 주장했다. 따라서 차라리 일반 백상들에게는 아편을 허용해야 한다고 했다. 다만, 아편을 영국에서 수입해서 은을 유출시키지 말고, 국내에서 재배하자고 제안했다.

다른 한편에서는 강경책을 제시했다. 이들은 아편 중독자에게 1년의 시간을 주어 아편을 끊도록 하고, 만약 끊지 못한다면 사형에 처해야 한다고 주장했다. 그리고 영국에서 밀수되는 아편을 엄격하게 단속해야 한다고 강조했다.

아편의 수입과 유통을 엄격하게 단속해야 한다고 강조하는 주장을 엄금론嚴禁論이라고 부른다. 대표적인 인물로는 임칙서林則徐를 들 수 있다. 그는 호광성湖廣省 총독을 역임하면서 아편을 근절시켰던 경험이 있었다. 뿐만 아니라 청나라의 8대 황제 도광제道光帝에게 "아편을 허용하거나 방치하면 백성이 전멸하고, 결국 나라가 멸망할 것"이라는 내용의 상소를 올린 것으로 유명하다. 결국 황제는 엄금론자들의 편을 들어 임칙서에게 아편 단속을 시행하도록 했다.

사실, 청나라에서 아편 금지령을 시행한 것은 이때가 처음이 아니었다. 1792년에 청나라 5대 황제 옹정제雍正帝가 이미 아편 금지령을 내렸다. 하지만 여러 차례의 아편 금지령에도 불구하고, 이미 중독된 백성들에게는 아편 이외의 대안이 없었다. 임칙서는 영국 상인들에게 남은 아편을 중국 관청에 넘기고, 다시는 아편을 판매하지 않겠다는 각서를 쓰도록 했다. 하지만 많은 영국인들은 다른 관리들처럼 그 역시 뇌물로 매수할 수 있다고 생각했다.

약속이 제대로 이행되지 않자 임칙서는 결국 군대를 동원했다. 당시 광저우에는 영국 상인들을 보호하기 위해 2척의 군함이 도착해 있었다. 이들을 지휘했던 사람은 찰스 엘리어트Charles Elliot였다. 그는 영국 상인들로부터 받은 아편을 내놓았고, 임칙서는 이를 불태웠다. 엘리어트는 아편 밀수를 반대했다. 그래서 그는 임칙서가 아편 금지령을 시행하는데 적극적으로 협조했다. 하지만 영국 상인들의 입장은 달랐다. 이들은 심지어 본국에 엘리어트를 고발하기도 했다.

임칙서의 아편 근절은 겉으로는 제대로 수행되는 것처럼 보였다. 그러나 1839년 7월 7일, 구룡九龍 침사추이Tsim Sha Tsui의 한 마을에서 영국 해군과 주민들 사이에서 싸움이 발생했다. 8월 15일, 임칙서는 모든 무역을 금지시키고, 상업 활동을 폐쇄했다. 이에 엘리어트는 홍콩과 마카오에 있던 영국 상인들과 가족들을 군함에 탑승시켰다.

임칙서는 영국 선박에 대한 봉쇄령을 내렸다. 엘리어트는 임칙서에게 봉쇄령을 해제할 것과 정상적인 무역 관계를 회복시켜 달라고 요청했다. 하지만 그는 이를 거절했다. 결국 영국 전함은 중국 전함에 대포를 발포했고, 이를 계기로 두 나라 사이에 전쟁이 발발했다. 바로 아편전쟁이다.

3. 난징조약과 청의 몰락

아편전쟁의 직접적인 계기는 아편 밀수와 영국 상인들의 추방 및 봉쇄령이었다. 그러나 궁극적인 배경은 청나라의 쇄국정책이었다. 영국은 무력을 사용하지 않고는 부패하고 야만적인 청나라를 개방시킬 수 없다고 판단했던 것이다.

하지만 임칙서의 철저한 대비로 영국군은 광저우 공격에 실패했다. 대신 텐진天津 앞바다로 이동했다. 도광제는 임칙서가 영국군을 제대로 격파하지 못하고, 오히려 이들의 반발만 샀다고 그를 심하게 질책했다. 8월이 되자, 영국군은 마카오Macau를 점령하고 해상을 봉쇄했다. 그 결과, 청나라 군대의 군수물자 교역에 큰 차질이 발생했다.

임칙서는 광동 지역의 세금 중 10%만이라도 군비로 사용한다면, 영국군을 격퇴할 수 있다고 답변했다. 그러나 이미 그에 대한 황제의 신뢰는 바닥으로 떨어진 상태였다. 영국인들은 불태워버린 아편을 배상해달라고 요청했다. 도광제는 그 요청을 들어주면 이들이 영국으로 돌아갈 것이라고 착각했다. 그래서 오랑캐에게 은과 조공품을 주고, 자신들의 나라로 돌려보내라고 명령했다.

　그러나 영국이 요구한 것은 배상금뿐만이 아니었다. 홍콩Hong
Kong을 할양할 것을 요구하자, 청나라와 영국 사이에 다시 갈등
이 발생했다. 중국 역사상 자신의 영토를 확대시킨 선례는 많았
다. 하지만 다른 나라에 영토를 나누어준 적은 단 한 번도 없었
다. 영토가 지닌 경제적 가치보다 정치적 상징성 때문이었다. 결
국 협상은 결렬되었고, 1841년 1월 7일에 2차 해전이 벌어졌다.

　2차 해전에서 영국은 중국에 승리를 거두었다. 이는 단순한
승리가 아니었다. 그동안 전 세계에서 가장 강력하고 부유했던
중국을 꺾은 것이다. 영국의 승리에 기여한 것 가운데 한 가지
는 바로 철제 증기선이었다. 전쟁이 시작되자 영국은 '네메시스
Nemesis' 호를 중국으로 보냈다. 이 전함은 길이가 56미터, 폭이
8.8미터, 그리고 적재량이 660톤에 달했다. 당시 '네메시스' 호
에는 60마력짜리 증기엔진이 2대 장착되어 있었고, 풍력도 활
용하기 위해 두 개의 돛대가 있었다.

　무엇보다 중국인들을 놀라게 했던 것은 '네메시스' 호의 전투
력이었다. 증기전함에는 360도 회전이 가능한 포를 장착했다.
영국인들은 이 포로 멀리 떨어진 요새의 성벽도 파괴할 수 있었
다. 5개의 포문과 포신의 길이가 일반 포에 비해 30~50배 정도
긴 카농포도 10개 있었다.

　반면, 중국의 전함은 전통적인 목조 정크선이었다. '네메시

그림 42. 에드워드 던컨(Edward Duncun), 《아편전쟁》, 연대 미상. 영국 화가 던컨은 '네메시스' 호에 의해 파괴되는 중국 정크선을 그림으로 묘사했다. 《아편전쟁》은 1843년 5월 30일에 발생했던 두 번째 전투를 그린 것이다.

스' 호의 포탄에 정크선은 허무하게 무너졌다. '네메시스' 호 한 척이 무려 정크선 15척을 제압했다. 이러한 점에서 본다면, 당시 영국과 청나라의 무력은 도저히 비교할 수 없는 수준이었다.

영국은 다음과 같은 4가지 조항을 청나라에 요구했다. 첫째, 청나라에서 불법으로 몰수한 아편을 순은 6백 만 냥으로 배상한다. 둘째, 청나라의 주요 항구 5곳을 모두 개방하고, 홍콩을 영국에 할양하며, 정해를 돌려받는다. 단, 세금은 모두 청나라 정부에 귀속된다. 셋째, 차후 영국 시민은 중국 황제와 맞먹는 동등한 지위를 약속한다. 마지막으로 광동 지역에서의 무역을 전쟁 이전 상태로 복구하되, 이에 소요되는 모든 비용은 청나라에서 지불한다.

명화로 읽는 전쟁의 세계사

하지만 조항을 제시한 영국도, 그리고 청나라도 이 조약의 비준을 모두 거부했다. 청나라의 입장에서 본다면, 중국이 영토를 할양한다는 것은 역사상 전례가 없는 일이었다. 이는 모두 영국의 불법적인 아편 밀수로 인해 발생한 분쟁이었다. 또한 영국 시민이 중국 황제와 동등한 지위를 가진다는 사실도 용납하기 어려웠다.

영국은 경제적 피해 보상에 불만을 가졌다. 중국으로 파견한 원정대의 예산조차 되지 않는 은 6백 만 냥으로 자신들의 경제적 피해를 보상할 수 없다는 것이었다. 이와 같은 조항에 분노한 도광제는 영국에 선전포고를 했다. 결국 두 국가는 전쟁을 치를 수밖에 없었다.

1841년 8월, 1만 여 명의 영국군은 중국 동남부를 완전히 초토화시켰다. 그리고 증기선으로 신속하게 양자강으로 이동했다. 이들은 약탈과 방화를 자행했다. 청나라의 군대 1만 여 명과 민병대 3만 여 명은 영국군 1천 여 명에게 패배하고 말았다. 6월에는 상하이上海가 점령당했고, 7월에는 난징南京을 지키는 요충지인 진강鎭江이 공격당했다. 난징이 함락될 위기에 처하자 청나라는 그만 전쟁 의욕을 상실했다. 진강의 함락은 양자강의 수운과 대운하를 더 이상 이용할 수 없다는 것을 의미하기 때문이다.

중국 역사에서 운하는 오래 전부터 등장한다. 수로를 통해 교역과 물품을 원활하게 운송하여 국가 경제를 부흥시키고자 했다.

기록에 따르면, 기원전 221년에 진시황秦始皇은 월越을 정복하기 위해 운하를 건설했다. 이는 진시황의 천하통일에 결정적인 역할을 담당했다. 진나라 군대는 운하를 통해 지형이 험준한 화남華南 최고最古의 도시 계림桂林을 통과해 월로 진격했다. 그리고 성을 쉽게 함락시킬 수 있었다. 이 운하는 바로 '영거운하靈渠運河'이다. 이후 오랫동안 교통이 불편한 이 지역에서 물자 운송의 중요한 기반이 되었다.

수나라 양제煬帝도 운하 공사를 시작했다. 북쪽에서 오늘날 강소성江蘇省 양주揚州에 해당하는 남쪽 강도江都로 유람하기 위해서였다. 이를 위해 황하 이남과 회수淮水 이북 지역에 거주하는 백성 1백 만 명 이상을 동원했다. 이 운하를 '통제거通濟渠'라고 부른다. 황하강 유역의 낙양洛陽에서 배를 타면 바로 황하 강으로 연결된다. 그리고 하남의 변수汴水와 산동山東의 사수泗水를 거쳐 회하淮河에 도착할 수 있는 거대한 운하이다.

또한 영제거永濟渠는 608년에 하북지구河北地區 군사운수軍事運輸의 수로로 개통된 운하이기도 하다. 중국 산서성山西省에서 발원해서 하남성河南省을 거쳐 황하로 들어가는 심수沁水를 끌어들였는데, 길이가 무려 약 2천 km에 달한다. 한반도 전체 길이의 2배 정도에 해당하는 엄청난 길이다.

사실, 영제거는 매우 특수한 목적을 위해 건설되었다. 바로 고구려 침공이다. 수나라의 고구려 침공에는 여러 가지 원인들이 있었다. 당시 수나라는 북방민족인 돌궐을 가까스로 굴복시켰다. 그래서 돌궐과 동맹관계를 맺고 있는 고구려를 상당히 위험한 존재로 인식했다. 이를 위해 고구려를 무려 세 차례나 침공했다. 그리고 군수품을 신속하게 조달하기 위해 강도江都에서 항주杭州까지 연결되는 강남하江南河도 건설했다. 역사학자들은 이 운하들을 통합해서 '대운하大運河'라고 부른다.

이후 여러 왕조들은 수나라에서 건설한 대운하를 보수하면서 활용했다. 이는 오늘날에도 그대로 유지되고 있다. 이러한 점에서 영제거는 그야말로 중국의 교통과 경제의 초석이라 할 수 있다.

그러나 엄청난 대규모의 공사를 위해 수나라가 치렀던 희생은 막대했다. 문헌에 따르면, 운하 공사를 위해 징발된 사람들 가운데 절반 이상은 살아서 돌아오지 못했다. 고구려 정벌에 실패한 수나라는 극심한 재정난에 직면했고, 전국 도처에서 발생한 농민 반란을 통제하는데 실패했다. 결국 건국한 지 30여 년 만에 멸망하고 말았다.

양제의 운하 건설로 인해 중국을 가로질러 흐르는 황하강과 해하강, 회하강, 장강, 그리고 전당강은 하나로 연결되었다. 그리고 이를 통해 바다로 진출하기 쉬워졌다. 뿐만 아니라 중앙정부가 지방 세력을 통제하고, 남쪽 지역과 북쪽 지역의 경제교류를 활성화시키는데 중요한 토대가 되었다.

중국에서는 동쪽과 서쪽으로 흐르는 강이 많았다. 그래서 이를 연결하는 수로가 많이 개발되었다. 하지만 남쪽과 북쪽을 연결하는 수로는 그리 많지 않았다. 수나라의 대운하는 정치적 중심지였던 화북과 경제적 물자가 풍부했던 강남江南을 연결한다는 점에서 중요한 의미를 지닌다. 아울러 화북과 화중華中, 그리고 화남華南을 정치적으로 결합하는 데 중요한 역할을 담당했던 것으로 볼 수 있다.

따라서 대운하를 이용하지 못한다는 것은 그야말로 국가 경제의 파탄을 의미하는 것이었다. 청나라로서는 도저히 이를 감당할 능력이 없었다. 결국 협상 2주 만에 '중영광녕조약中英江寧條約'을 체결했다. 흔히 이 조약은 '난징조약'으로 더 잘 알려져 있다. 조약의 구체적인 내용은 다음과 같다.

제1조. 영국과 청나라는 앞으로 영구히 평화와 우정을 누린다.

제2조. 청은 광저우 외에 샤먼(아모이), 푸저우, 닝보, 상하이를 개항한다.

제3조. 청은 영국의 편의를 위해 홍콩 섬을 제공하고, 홍콩 섬은 영국의 법률에 따라 통치된다.

제4조. 청은 1839년에 몰수했던 아편의 대금과 이후 영국인들에게 가한 위협의 위자료로 6백만 달러를 배상한다.

제 5조. 청은 공행公行을 폐지하고, 공행의 채무금 3백만 달러를 지불한다.

제 6조. 청은 전쟁배상금으로 1,200만 달러를 지불한다.

제 7조. 청은 이상의 총 2,100만 달러 중 6백만 달러는 즉시, 6백만 달러는 1843년까지, 5백만 달러는 1844년까지, 4백만 달러는 1845년까지 지불한다.

제 8조. 청은 현재 중국 전역에 감금 중인 모든 영국인을 무조건 석방한다.

제 9조. 청은 영국에 협조한 모든 중국인들을 일체 처벌하지 않는다.

제 10조. 청은 개항한 5개 항에서 영국인들이 자유롭고 안전하게 생활하도록 보장하며, 공정하고 적절한 관세를 설정한다.

제 11조. 영국과 청의 고위 관료들은 해당되는 직급에 맞게 대등하게 교류한다.

제 12조. 이 조약 내용을 청국 황제가 승인하고, 최초의 배상금이 지불되는 즉시, 영국군은 난징과 대운하 지역에서 철수한다. 단, 고랑서鼓浪嶼와 주산舟山 열도의 주둔군은 조약 내용이 모두 이행될 때까지 주둔한다.

제 13조. 이 조약문의 원본을 각자의 수도로 가져가 비준하고 교환하며, 그 사이에 그 복사본은 원본과 같은 효과를 갖는다.

"중국의 군민軍民은 호문, 삼원리, 영파, 진강 등지에서 영국군에게 용맹하게 저항했다. 그러나 정치의 부패와 낙후된 군비 때문에 실패했다. 1842년 8월 29일, 중국은 불평등한 난징 조약 체결을 강요받았다." 영화 《아편전쟁》의 마지막 내레이션이다. 도광제가 역대 청나라 황제들의 초상화 앞에 엎드려 통곡하는 장면으로 영화를 끝을 맺는다. 이 영화는 중국 역사상 최고 제작비인 1,500만 달러를 투자했다. 1997년에 홍콩의 중국 반환을 기념해 제작되었다.

하지만 역사학자들에 따르면, 당시 청나라 정부는 난징조약 체결을 상당히 바람직한 것으로 인식했다. 항구를 더 많이 개방하면, 전쟁 전보다 더 높은 관세를 걷을 수 있었기 때문이다. 또한 영국이 요구한 홍콩은 청나라의 입장에서는 별다른 정치적, 경제적, 군사적 가치가 없는 지역이었다.

영사관 설치와 관련해서는 오히려 영국인들의 편을 들었다. 오랑캐들이 중국의 법을 이해할 능력이 부족하기 때문에 그들의 분쟁에 휘말리는 것이 바람직하지 않다고 생각했던 것이다. 그야말로 중국 중심적 사고방식으로 조약을 해석했던 것으로 볼 수 있다.

하지만 난징조약 체결 이후 다른 열강들도 청나라와의 교섭을 요구했다. 청나라는 이런 열강들을 이용해 영국을 견제할 수 있을 것이라고 생각했다. 그래서 교섭에 상당히 적극적으로 임했다. 1844년에는 미국과 '망하조약望厦條約'을 체결했고, 프랑스와는 '황포조약黃埔条約'을 체결했다. 이제 이 조약들을 계기로 서구 열강들은 아시아에서 식민지를 확대시키기 시작했다.

난징조약 이후 청나라의 내부에서는 큰 변화가 발생했다. 바로 근대화 운동이다. 1861년부터 1894년까지 청나라에서 시행된 자강自强 운동을 '양무운동洋務運動'이라 부른다. '양무'란 좁게는 다른 나라와의 외교 교섭과 관련된 사무를 의미한다. 하지만 넓게는 서양의 문물이나 기술을 수용한다는 의미를 가지고 있다. 따라서 양무운동은 서양의 문물을 수용함으로써 군사적 자강과 경제적 부강을 추구하려는 일련의 정책들과 사회적 움직임을 뜻한다.

이들은 '중체서용론中體西用論'을 강조했다. 이는 중국의 전통적 가치와 서양 문물 사이의 갈등을 해결하는 방법으로 활용되었다. 중국의 가치는 '체體'에 해당되고, 서양의 문물은 '용用'에 해당된다. 다시 말해, 서양 문물을 활용해 중국의 전통적인 가치를 보완한다는 것이다. 이는 보수 세력의 반대를 무마하고, 서양 문물을 수용함으로써 중국사회의 근대화와 개혁을 정당화시키기 위한 것이라 할 수 있다. 이러한 태도는 우리나라에서 근대화가 시작될 때에도 마찬가지였다.

아편전쟁을 통해 청나라는 서양의 근대식 무기의 우월함을 인식했다. 따라서 양무운동에서 가장 먼저 시작한 것은 근대적 군수 공업을 육성하는 것이었다. 1865년에 상하이에 제조총국을 설립했고, 난징에는 기기국을 설립했다. 이러한 군수 공장에서는 서양식 선박이나 탄약, 총포 등을 생산했다. 목적은 유럽과 비교했을 때 한참 뒤처져 있는 무기들을 근대화시키는 것이었다. 더 나아가 경제 활성화 운동으로까지 확대되어 다양한 기업들이 설립되기도 했다.

양무운동은 서구 열강의 위협 속에서 청나라의 지배 체제를 일시적으로나마 안정화시켰다. 근대식 공업과 무기 산업이 발전하면서 도시가 성장했다. 그리고 많은 노동자들이 도시로 몰려들었다. 근대식 교육 기관이 설립되어 새로운 지식을 배우고자 하는 사람들과 지식인들 역시 증가했다. 이러한 점에서 본다면, 양무운동은 서양의 지식과 기술을 토대로 청나라의 부국강병을 꾀하는데 어느 정도 성공한 것으로 볼 수 있다.

하지만 양무운동은 여러 가지 한계점을 가지고 있었다. 가장 큰 한계점은 전국적인 차원에서 통일된 계획을 가지고 시행되지 못했다는 점이다. 근대화와 개혁을 추구했던 사람들은 권력을 장악하지 못해 개별적인 정책을 추진할 수밖에 없었다. 더욱이 많은 사람들이 지방에 머물러 있었기 때문에 통합된 시너지 효과를 가지는 것이 상당히 힘들었다. 이후 청일전쟁에서의 패배는 기술과 군수산업의 개혁뿐만 아니라 청나라의 정치와 사회 제도까지 모두 근본적으로 바뀌어야 할 필요성을 제기했다.

4. 유럽 제국주의와 '백인의 부담'

"우리는 영국의 4천만 인구를 피비린내 나는 내란으로부터 지키고, 과잉 인구를 수용하기 위해 새로운 영토를 개척해야만 한다... 당신이 내란을 피하려 한다면 당신은 제국주의자가 되어야 한다. 나는 우리가 세계에서 가장 우수한 인종이며, 따라서 우리가 세계에 많이 거주할수록 인류에 좋다고 주장한다."

이 말은 영국 정치인이자 케이프 식민지 총리였던 세실 로즈 Cecil John Rhodes의 말이다. 그는 19세기 후반 남아프리카로 이동해 다이아몬드광과 금광을 경영하면서 거부가 되었다.

당시 영국은 아프리카 식민화를 위한 종단 정책을 추진하고 있었다. 이는 아프리카 대륙을 종단해서 케이프타운Cape Town과 카이로Cairo를 철도로 연결하려는 계획이었다. 이 계획을 구상한 것이 바로 로즈였다. 이를 실행하기 위해 그가 설립한 영국 남아프리카회사는 짐바브웨Zimbabwe나 잠비아Zambia 등을 영유했다. 하지만 영국 본토에서는 자유무역론이 우세했기 때문에 그의 주장과는 반대 정책을 취했다. 결국 아프리카에서는 종단철도는 실현되지 못했다.

영국과 달리 프랑스는 아프리카 횡단 정책을 추구했다. 1890년 초까지 프랑스가 점령한 지역은 알제리Algeria, 기니Guinea 등이

그림 43. 1892년 12월 10일, 《펀치(Punch)》에 실린 풍자화. 로즈가 마치 거인처럼 아프리카 전체를 연결하고 있다. 그가 추구했던 종단정책을 잘 보여주는 그림이라 할 수 있다.

명화로 읽는 전쟁의 세계사

었다. 1894년에는 수단Sudan을 점령하고, 이를 홍해 연안의 지부티Djibouti와 철도로 연결하기 위해 나일 강 상류에 사람들을 파견했다. 프랑스의 이와 같은 횡단 정책은 결국 영국의 종단 정책과 어느 지점에선가 교차할 수밖에 없었다. 그 지점이 바로 파쇼다Fashoda였다.

1898년에 수단에 위치한 파쇼다에서 영국과 프랑스가 충돌했다. 대륙 횡단 정책을 추구했던 프랑스는 영국의 세력권에 있던 파쇼다를 무력으로 점령했다. 하지만 당시 독일과 대항하기 위해 영국의 협력이 필요했기 때문에 프랑스는 파쇼다를 영국에게 양보했다. 그리고 이집트에 대한 영국의 우월권도 인정했다. 대신 영국은 프랑스의 모로코 지배권을 인정했다.

19세기 말에 영국과 프랑스가 추구했던 아프리카 식민화 과정의 토대는 제국주의였다. 제국주의란 한 나라의 정치나 경제, 또는 문화적 지배권을 다른 지역이나 국가로 확대시키고자 하는 사상이나 정책을 의미한다.

많은 역사학자들은 제국주의가 유럽이 아프로-유라시아의 중심부로 부상하기 시작하는 15세기 말의 팽창주의와 함께 시작되었다고 주장한다. 하지만 인류 역사 속에서 제국은 오래 전부터 존재했다. 따라서 이러한 분석은 유럽중심적 시각이라는 비판을 면치 못하고 있다.

18세기 이후 등장한 제국주의는 산업혁명과 많은 관련성을 가지고 있다. 산업화로 인해 더 많은 원료와 노동력, 그리고 시장이 필요해졌다. 그러자 유럽의 일부 국가들은 식민지 확대에 많은 관심을 가지기 시작했다. 그리고 인종 우월주의나 우생학, 서구중심주의 등을 근거로 아시아나 아프리카의 여러 지역들을 열등한 지역으로 간주하면서 식민지로 전락시켰다.

이 가운데 대표적인 사상은 사회적 진화론Social Darwinism이다. 이 사상은 영국 철학자 허버트 스펜서Herbert Spencer가 주장한 것으로 생물진화론의 이론적 틀을 인간 사회에 적용시킨 이론이다. 쉽게 말하자면, 생물계에서 발생하는 적자생존의 법칙이 인간 사회에서도 나타난다는 것이다. 사회적 진화론에 따르면, 우수한 자가 열등한 자를 지배한다. 그래서 이 사상은 제국주의의 사상적 이데올로기가 되었다.

스펜서는 단순한 것에서 복잡한 것으로 발전하는 것이 진화라고 생각했다. 그는 인간을 문명인과 미개인, 두 가지로 구분했다. 그 구분에 따르면, 유럽인은 문명인이고, 비유럽인인 미개인은 유럽인의 유아 수준이다.

"문명인의 팔다리가 미개인보다 더 많이 진화했다…… 문명인이 보여주는 능력의 범위가 더욱 넓고 다양하다는 점에서 문명인인 미개인보다 더욱 복잡하고 정교한 신경을 가졌다고 추론할 수 있다…… 더욱 유력한 증거는 모든 유아에게서 확인할 수 있다. 유럽인 유아들은 하등 인종과 닮은 점을 여러 가지 가지고 있다."

그는 인간뿐만 아니라 사회에서도 마찬가지라고 생각했다. 진화의 법칙은 문명에서도 나타난다. 스펜서에 따르면, 유럽만이 문명사회에 도달했고, 나머지 지역들은 여전히 미개한 사회에 머물고 있다는 것이다.

스펜서가 주장했던 것은 유럽과 유럽인이 인종적으로, 그리고 문명적으로 우월하다는 세계관이었다. 이와 같은 주장은 당시 유럽인들 사이에서 널리 확산되었다. 이들은 문명이 발달한 유럽이 미개한 아시아나 아프리카를 식민화하는 것은 너무나 당연한 것이라고 생각했다.

제국주의를 정당화시켰던 또 다른 이론으로는 백인의 부담 Whiteman's Burden;을 들 수 있다. 영국 시인 러디어드 키플링Rudyard Kipling은 우리에게 <정글북>의 저자로 잘 알려져 있다. 그는 매우 열렬한 호전주의자이자 팽창주의자였다.

1898년에 미국은 스페인 전쟁을 통해 필리핀을 합병했다. 그는 <런던 타임즈London Times>에 기고한 시에서 백인의 부담을 강조했다. 그리고 백인 국가들의 제국주의 정책을 정당화시켰다. 그는 자신의 시에서 다음과 같이 쓰고 있다.

백인의 짐을 지워라/너희가 낳은 가장 뛰어난 자식을 보내라 너희의 자식에게 유랑의 설움을 맛보게 하라/너희가 정복한 사

그는 자신의 시에서 유럽이 동양보다 우월하며, 백인이 미개한 동양인들을 계몽해야 한다는 의무감이나 책임감을 가지고 있음을 강조했다. 그의 주장에 따르면, 제국주의는 나쁜 것이 아니라 오히려 미개하고 열등한 동양인들을 도와주는 것이다.

아편전쟁은 단순히 중국의 개방과 식민화만을 의미하지 않는다. 1852년에 일본은 중국과 마찬가지로 강제로 문호를 개방해야 했다. 그리고 1875년이 되자 일본은 증기 군함을 이끌고 우리나라로 왔다. 일본의 막강한 군사력에 못 이긴 우리나라는 흔히 '강화도 조약'이라 불리는 '조일수호조규朝日修好條規'를 체결했다. 이 조약은 이후 조선은 점차 일본에게 국권을 강탈당하기 시작했고, 결국 일본의 식민지로 전락하고 말았다. 이러한 점에서 아편전쟁은 아시아의 여러 국가들이 제국주의 국가들의 식민지로 전락하는 계기라고 볼 수 있다.

[에필로그]

　인류 역사 속에서 전쟁은 기술의 발전과 맥락을 함께 한다. 비옥한 초승달 지역에서 처음 등장했던 아카드는 통일 국가를 이룩하고, 주변 지역을 통합하기 위해 새로운 무기를 개발했다. 바로 이륜전차이다. 이륜전차는 바퀴와 바퀴살의 진화 덕분에 강력한 전쟁 무기로 부상했다. 그 결과, 아카드는 인류 역사상 최초로 제국을 설립할 수 있었다.

　고대에 전차는 주요 전쟁 무기였다. 하지만 막강한 두 제국 사이의 전쟁은 승패를 가리기 어려웠다. 결국 전쟁은 무승부로 끝났고, 이 전쟁으로 최초의 평화조약이 체결되었다. 오늘날 전쟁을 치르고 평화조약이 체결되는 것은 바로 이집트와 히타이트 사이에서 발생했던 카데시 전투로부터 유래된 것이라 할 수 있다.

　그런가 하면, 전쟁을 계기로 한 도시가 지도에서 완전히 사라져버린 경우도 있었다. 3차례에 걸쳐 로마와 카르타고 사이에서 발생했던 포에니 전쟁으로 카르타고는 더 이상 존재하지 않는 도시가 되었다. 상업으로 막대한 부를 축적하고, 비옥한 영

에필로그　　　　　　　　　　　　　　　　　　　　　　　215

토 덕분에 곡물이 풍부했던 지역이었지만, 전쟁의 끔찍한 기억 때문에 로마인들은 오랫동안 이 지역에 관심을 가지지 않았다.

전쟁이 한 지역의 문화 전체에 영향을 미치기도 했다. 압바스 왕조와 당나라 사이에서 발생한 탈라스 전투에서 당나라는 패배했다. 그리고 2만 명 정도의 포로들이 끌려갔는데, 여기에는 제지공이 포함되어 있었다. 이 전쟁을 계기로 중국의 제지술이 사마르칸트를 거쳐 이슬람과 유럽으로 확산되었다.

유럽에서 종이는 그야말로 혁명이었다. 지금까지 읽고 쓰는 것이 권력과 부를 가진 사람들에게만 국한되어 있었다면, 종이와 인쇄술 덕분에 많은 사람들이 글을 읽고 쓸 줄 알게 되었다. 유럽에서는 자유와 인권에 대한 사상이 급속하게 확산되었고, 이는 18세기 프랑스를 비롯한 여러 지역에서 시민혁명이 발생하게 된 가장 중요한 토대가 되었다.

전쟁으로 한 지역이 다른 지역의 식민지로 전락한 경우도 있었다. 18세기 중반까지 전 세계적으로 가장 부유하고, 인구가 많았던 지역은 중국과 인도였다. 하지만 이 두 지역은 암본 전투와 아편 전쟁 이후 영국을 비롯해 서유럽 일부 국가들의 식민지로 전락했다. 서유럽 일부의 국가들은 아프로-유라시아의 주변부에서 중심부로 이동하기 시작했고, 전 세계를 지배하는 헤게모니를 독차지했다.

이처럼 전쟁은 한 국가의 몰락과 번영을 결정하는데 매우 중요한 동력이었다. 전쟁 때문에 어떤 국가는 인류 역사상 최초의 제국을 형성하기도 했고, 어떤 국가는 지도에서 사라져버리기도 했다. 전쟁의 원인은 매우 다양했다. 단순히 물자나 노동력을 얻기 위한 경제적 동기에서부터 정치적 원인과 민족적 갈등에 이르기까지 수많은 원인들이 중첩되어 전쟁이 발발했다.

인류 역사 속에서 전쟁은 늘 끊이지 않았다. 그리고 21세기의 현대사회에서도 국지적인 전쟁은 계속 되고 있다. 전쟁은 경제적 피해뿐만 아니라 사회적 혼란과 공포, 무고한 민간인 피해 등을 초래한다. 하지만 전쟁 때문에 과학기술이 발전한다고 주장하는 사람들도 있다. 구소련의 붕괴 이후 냉전은 종식되었지만, 오늘날에도 여전히 종교나 민족적 갈등으로 인한 갈등과 전쟁은 계속 되고 있다.

이러한 점에서 본다면, 인류 역사는 전쟁과 함께 해 온 역사이다. 이는 앞으로도 크게 변하지 않을 것이다. 전쟁은 어떤 형태로든 인류 역사에 근본적인 영향을 미치는 중요한 요인이 될 것이다. 이를 위해 우리는 지난 수 천 년 동안 인류와 전쟁의 관계를 제대로 파악할 필요가 있다.

명화로 읽는 전쟁의 세계사

발행	2021년 3월 1일 초판

기획	권호
저자	김서형
디자인	현유주
발행인	권호
발행처	뮤즈(MUSE)
출판등록	국립중앙도서관
연락처	muse@socialvalue.kr
홈페이지	http://www.뮤즈.net

ⓒ 2021 김서형

ISBN 979-11-972969-3-2 03900
값 15,000원